Das goldene Buch der
Kartoffel

Lucas Rosenblatt   Edith Beckmann

Lizenzausgabe für Hädecke Verlag, D-71256 Weil der Stadt.
www.haedecke-verlag.de
Warenkunde, Seiten 24 bis 29: Andrea Fischer (Seeds of Love).
Alle Rechte vorbehalten, einschließlich derjenigen des auszugsweisen
Abdrucks und der elektronischen Wiedergabe.

© 2008 Fona Verlag AG, CH-5600 Lenzburg
www.fona.ch
Gestaltung Inhalt: Daniela Friedli Dossenbach, FonaGrafik
Fotos: Jules Moser, Bern: alle Rezeptbilder (ohne Seiten 44 und 162/König &
König; 39, 84, 92 und/Andreas Thumm; 154/Gabriela Brugger)
Jules Moser, Bern: Seiten 32, 34, 36, 37; Peter Mosimann, Bern: Seite 4;
Beat Ernst, Basel: Seiten 7, 10 bis 23; Pro Specie Rara, Aarau: Seite 36
(Acht-Wochen-Nüdeli, Blaue Schweden, Parli); Swisspatat, Bern: Seiten 8, 9;
Karsten Ellenberg (Biolandhof, Barum): Seiten 24, 27 bis 29;
CMA – Bestes vom Bauern: Seite 25 (4), Seite 26 (3)
Lithos: Petra Niederberger, FonaGrafik, und Repro Schicker AG, Baar
Druck und Bindung: Druckerei Uhl, Radolfzell

ISBN 978-3-7750-0525-8

Inhaltsverzeichnis

Vorwort 5

Einführung

Das andere Gold der Inkas 6

Die Kartoffeln erobern Europa 8

Das Teufelskraut als Strafe Gottes 11

Kartoffeln passen nicht ins Konzept 14

Hunger ist der beste Koch 16

Tischsitten und Tafelfreuden 18

Ein bisschen Botanik 20

Kultivierte Kartoffeln 21

Kartoffelsorten 24

Eine Kartoffel, die keine ist 30

Kartoffeln sind rundum gesund 31

Die Inhaltsstoffe 32

Kartoffeln in Kochvarianten 34

Bequem, haltbar und vielseitig 36

Schonendes Kochen und Garen 38

Rezepte

Aus der Salatschüssel 40

Suppen und Eintöpfe 48

Kartoffelpüree 66

Burger 74

Rösti 84

Bratkartoffeln 96

Gnocchi, Knödel, Spätzle, Klößchen 110

Gratins 136

Pikante und süße Kuchen, Strudel, Brot 148

Anhang

Register 166

Adressen 168

Vorwort

Eine Hommage an die Kartoffel

Die Kartoffel ist eine rundum außergewöhnliche Knolle, die verborgen im Schoß der Mutter Erde heranwächst und erst das Licht der Welt erblickt, wenn die aparten Blumen verblüht und die sattgrünen Stauden verwelkt sind. Dann aber tritt sie in vielen Variationen ins Rampenlicht, bereit, sich gastronomisch in Szene zu setzen und sich zu kulinarischen Köstlichkeiten verarbeiten zu lassen.

Wer kennt sie nicht, die wundersame Knolle, die einst auf seltsame Weise den Weg übers Meer gefunden hat und in der alten Welt schon bald als unschlagbarer Helfer in Zeiten von Hungersnöten von sich reden machte! Die Kartoffel fand aber nicht nur in den Küchen der Armen Einzug. Sie wurde salonfähig und vermochte selbst gekrönte Häupter zu überzeugen.

Seltsam mag anmuten, dass eine Pflanze, deren eigentliche Früchte ungenießbar sind, Wurzeln ausbildet, die mit einem respektablen Nährstoffgehalt und einer Sortenvielfalt aufwarten, die selbst Kenner immer wieder zum Staunen bringt. So hat sie denn schon früh das Interesse von Forschern geweckt, die die verschiedensten Einflüsse auf ihr Wachstumsverhalten beobachteten und untersuchten. Ziel war und ist es heute noch, für jeden Verwendungszweck die dafür ideale Sorte zu finden.

Dieses Buch soll eine Hommage an die einzigartige Kartoffel sein, deren Zubereitungsarten von einer nahezu grenzenlosen Vielfalt sind, so dass sie zu allen Zeiten Groß und Klein zu begeistern vermochte und auch heute noch zu begeistern vermag!

Das andere Gold der Inkas

Das Geheimnis der Kartoffelpflanze mit ihren vitaminreichen unterirdischen Knollen blieb den spanischen Eroberern erst einmal verborgen. Auf der Suche nach dem sagenhaften Gold der Inkas stand ihnen der Sinn aber auch keineswegs nach Unbekanntem und schon gar nicht nach den Speisen der Eingeborenen, die sie hochmütig als Heiden und Barbaren betrachteten und zu ihren Sklaven machten.

Obwohl Christoph Kolumbus (1451–1506) andere Nahrungsmittel wie Mais, Tomaten und Kürbis aus der Neuen Welt nach Spanien brachte, war er nicht der erste Europäer, der mit der Kartoffel Bekanntschaft machte. Denn die Wiege der nahrhaften Knolle steht nicht im vermeintlichen Ostindien des Entdeckers, sondern in den Hochanden von Peru, Bolivien und Nordchile. Aufgrund von Gräberfunden im Küstengebiet von Peru vermuten Wissenschaftler, dass Urformen der Kartoffel bereits 8000 Jahre v. Chr. angebaut worden sind.

In kunstvoll angelegten, manchmal kaum leintuchgroßen Terrassengärtchen kultivieren die südamerikanischen Indios im unwirtlichen Gebirge der Anden auf 3000 bis 4000 m noch heute ihre «Papas». Diese überlieferte Bezeichnung für die Kartoffeln, ihr wichtigstes Grundnahrungsmittel, ist in der spanischen Sprache noch immer gebräuchlich.

Die Ureinwohner der Anden haben in den rauen Bergen mit den frostigen Nächten dank den Kartoffeln überlebt. Es standen ihnen vermutlich auch keine anderen Nahrungsmittel zur Wahl: Mais, Bohnen und Kürbis, die «heiligen drei Schwestern» der Indianer, gedeihen unter den extremen Wetterbedingungen im Andenhochland nicht. Die Erdfrucht, die sich an ihren verdickten Seitensprossen (Stolonen) vielfach vermehrt, galt bei den Inkas als Symbol der Fruchtbarkeit.

Urformen als Zuchtressourcen

Tempelfiguren in Peru und Chile, die um 200 n. Chr. entstanden sind, zeigen indianische Eingeborene beim Pflanzen von Kartoffeln. Wie sie auf ihren Wanderungen in immer höhere Bergregionen die Kartoffeln entdeckt haben, ist nicht überliefert.

Tatsache ist, dass in Südamerika ungefähr 160 knollenbildende Wildarten in unzähligen Varianten existieren. Diese Primitivkartoffeln sind heute von unschätzbarem Wert, haben sie doch zum Teil interessante Resistenzeigenschaften gegen Pilzbefall, Viren, Bakterien und Schädlinge.

Wenn man weiß, dass weltweit mehr als 260 Krankheiten bekannt sind, welche Kartoffeln befallen und die Ernte beeinträchtigen oder gar vernichten können, so wird einem das Potenzial der Urformen als natürliches Genreservoir für robuste Neuzüchtungen bewusst.

Um das Verschwinden dieser kostbaren Urquellen zu verhindern, haben Wissenschaftler vor gut 70 Jahren begonnen, diese Wild- und Primitiv-

In ihrem wahnwitzigen Goldrausch erkannten die spanischen Eroberer das «wahre Gold der Inkas» nicht. Heute hingegen ist eine einzige Weltkartoffelernte mehr wert, als all die unsagbaren Schätze, welche die Spanier den Inkas geraubt und in unzähligen Schiffsladungen nach Europa gebracht haben.

formen zu sammeln und in Gen-Banken und damit am Leben zu halten. Am Internationalen Kartoffelforschungszentrum (CIP) in Lima (Peru) wurden um 1970 rund 1300 Formen in Kleinparzellen angebaut.

Gleiche Zentren gibt es inzwischen auch an zahlreichen anderen Orten, etwa in Leningrad, Braunschweig oder Fort Collins (USA). Ziel der Forscher ist nicht nur die Erhaltung der Ressourcen: Sie untersuchen die Urformen im Hinblick auf Resistenz sowie auf Qualitäts- und Anbaueigenschaften, damit den Züchtern geeignete Kartoffeln für die Einkreuzung zur Verfügung stehen. So hat das CIP in Lima wesentlich dazu beigetragen, in Drittweltländern neue Sorten mit einem besseren Ertrag einzuführen.

Im Andenhochland bauen die Bauern heute mehr als 400 Primitivformen und Zuchtsorten auf zumeist kleinen Feldern an, und zwar jeweils eine Mischung aus etwa 30 verschiedenen Sorten. Sie unterscheiden sich nicht nur in der Blüten-, Schalen- und Fleischfarbe, sondern auch in Form, Stärkegehalt und Geschmack, vor allem aber in ihrem Verhalten gegenüber Krankheiten und Schädlingen. Mit dieser kunterbunt gemischten Kultur begegnen sie erfolgreich dem Risiko von Missernten. Hohe Erträge sind dabei zwar nicht zu erwarten, aber irgendeine Sorte kommt immer durch.

Das andere Gold der Inkas

Traditionelle Trockenkonserve

Der unkonventionelle Anbau in Mischkulturen ist vermutlich seit Jahrtausenden überliefert und hat die Menschen vor Hungersnöten bewahrt. Genauso wie der Pioniergeist, der sie befähigte, aus Kartoffeln eine Trockenkonserve herzustellen.

Die Inkas entwickelten bereits in vorchristlicher Zeit ein überaus wirkungsvolles Verfahren, das unserer modernen industriellen Gefriertrocknung entspricht. Sie nutzten dazu die extremen Wetterbedingungen in Höhenlagen über 3000 m. Sie breiteten die Kartoffeln unter freiem Himmel auf Heu oder Stroh aus und ließen sie in den bitterkalten Winternächten gefrieren. Unter den intensiven Sonnenstrahlen am Tag taute die Knolle wieder auf. Durch den wiederholten Wechsel der Temperatur verdunstet das in den Kartoffeln reichlich enthaltene Wasser. Traditionell wird diese «Entwässerung» zusätzlich gefördert, indem die Menschen barfuß auf den Knollen herumtrampeln.

Die seit Jahrtausenden überlieferte Methode zur Haltbarmachung von Kartoffeln wird noch heute praktiziert. Die Einheimischen nennen die gefriergetrockneten Knollen «Chuño». Sie sind bis vier Jahre haltbar und in Südamerika ein verbreitetes Convenience-Produkt. «Chuño» wird mit Gewürzen, Eiern, teils auch mit Fleisch, zu schmackhaften Eintopfgerichten.

Die Kartoffeln erobern Europa

Auf verschlungenen Pfaden ist die Kartoffel vom Hochland der Anden auf den europäischen Kontinent gekommen. Einerseits wird sie 1573 im spanischen Sevilla erstmals urkundlich erwähnt, andererseits hatte sie der englische Weltumsegler Sir Francis Drake (1540–1596) an Bord. So eroberte die Erdfrucht etwa gleichzeitig von Norden und Süden her auf kaum mehr nachvollziehbaren Routen Europa.

Vorerst tat sie dies allerdings in erster Linie als Zierpflanze: Alles, was aus der Neuen Welt stammte, setzte den europäischen Hochadel in Verzückung. Die Blüten des Nachtschattengewächses aus den Anden hatten es den vornehmen Damen der feinen Gesellschaft sehr angetan. Damit schmückten sie nicht nur festliche Tafeln, sondern auch ihre Decolletés. Die Kartoffelblüten wurden zu Glück bringenden Brautsträußen gebunden und zierten sogar kostbares Porzellan. Die jungfräuliche Königin Elisabeth I. von England bekundete um 1590 ihren Rittern Raleigh und Leicester ihre Dankbarkeit, indem sie ihnen als höchste Auszeichnung eine Kartoffelblüte ans Wams heftete.

Zierpflanze und Heilmittel

König Philipp II. von Spanien (1527–1598) hofierte Papst Pius IV., indem er ihm Kartoffeln schenkte. Inzwischen galt die stärkehaltige, leicht verdauliche Knolle unter medizinischen Gelehrten als Heilmittel. Spanische Mönche pflanzten sie hinter Klostermauern und verabreichten die Erdfrucht als sättigende Armen- und Krankenkost. Aus Rom erreichte die heilbringende Kartoffel einen kranken Kardinal in den Niederlanden und gelangte von dort 1587 nach Belgien.

Ein Jahr später erhielt der Arzt und damals bekannteste Botaniker Carolus Clusius (1526–1609), der am kaiserlichen Hof in Wien wirkte, zwei Knollen. Mit seiner Berufung als Kurator an die Universität im niederländischen Leiden im Jahre 1590 brachte er in seinem Gepäck nicht nur Tulpenzwiebeln mit, die den wirtschaftlichen Erfolg der Holländer als Tulpennation begründeten, sondern auch Kartoffeln. Er kultivierte sie – mit anderen Raritäten und Heilpflanzen – in seinem berühmten «Hortus botanicus» auf dem Universitätsgelände in Leiden, den man nach wie vor besuchen kann.

Von England aus eroberte die Kartoffel den Süden Skandinaviens und gelangte nach Norddeutschland. Im Erschwinger Schlossgarten in Hessen soll es 1568 eine Kartoffelpflanze gegeben haben. «Das Gewächs wachst in der Erde und hat schöne Blumen, guten Geruch und unten an den Wurzeln viele Tubera, dieselben, wenn sie gekocht werden, gar anmutig zu essen sind», schrieb der Landgraf Wilhelm IV. von Hessen-Kassel an den sächsischen Kurfürsten Christian I., als er ihm 1591 einige Kartoffeln sandte.

Tücken bei der Assimilation

Die fremdländische Knolle war nach wie vor mehr Kuriosität und viel bewunderte Zierpflanze als sättigende Speise. Von landwirtschaftlicher Nutzung keine Spur. Doch dies ist auch weiter nicht verwunderlich, wenn man die Wachstumsgewohnheiten der Urpflanzen kennt.

In ihrer Heimat nahe dem Äquator auf der südlichen Halbkugel sind die Tage und Nächte während des ganzen Jahres praktisch gleich lang. Anders in Europa. Der längste Tag ist der 21. Juni (Sommerbeginn), dann werden die Nächte zunehmend länger. Die Pflanze bekommt so zur Zeit der Knollenausbildung immer weniger Licht und die Tageshöchsttemperaturen nehmen kontinuierlich ab. Erst die Auslese von Frühsorten machte den Anbau in unseren Breitengraden einigermassen lohnend. Dies gelang vorerst einmal an milden Standorten in Südfrankreich, später auch in Irland.

> «Das Gewächs wachst in der Erde und hat schöne Blumen, guten Geruch und unten an den Wurzeln viele Tubera, dieselben, wenn sie gekocht werden, gar anmutig zu essen sind».
>
> Landgraf Wilhelm IV. von Hessen-Kassel in einem Brief an den sächsischen Kurfürsten Christian I.

Wanderungen durch Europa

In die Schweiz gelangten die ersten Kartoffeln im Jahre 1590. Schweizergardisten hatten sie von Rom nach Glarus gebracht. Bald erreichten sie den Botanischen Garten der Gebrüder Bauhin in Basel. Von Caspar Bauhin stammt das älteste noch erhaltene Herbarium-Stück einer gepressten Kartoffelpflanze von 1595. Es befindet sich im Botanischen Museum in Basel und ist mit «Solanum tuberosum» beschriftet. Der heute noch gültige botanische Name der Kartoffel ist später vom schwedischen Naturforscher Carl von Linné (1707–1778), Begründer der Nomenklatur für Pflanzen, übernommen worden.

Fahrende Handwerker, die auf der Suche nach Arbeit durch die Länder zogen, haben die Knolle aus den Anden in großen Teilen Europas weiter verbreitet. Es waren aber auch Schweizer Söldner in fremden

«Erstlich siedet man die Kartoffeln im Wasser mürbe. Und wenn sie erkaltet sind, so ziehet man ihnen die auswendige Haut ab. Alsdann gibt man Wein darüber und lässet sie mit Butter, Saltz, Muskatenblumen und dergleichen Gewürtz von neuem kochen, so sind sie bereit.»

Rezept von 1663: Es stammt vom Hofarzt des Großen Kurfürsten zu Berlin.

Diensten, die Kartoffeln von ihren Einsätzen in die Heimat mitbrachten. So etwa Jakob Straub im Jahre 1697, der in Irland gedient hatte.

Die Iren, die mit ihrem milden Klima am Golfstrom relativ früh Erfolg mit der Kartoffelkultur hatten, lernten sie bald als sättigende Speise schätzen. Da endlich genug Nahrung vorhanden war, verdoppelte sich die Einwohnerzahl auf 8 Millionen.

Durch die Kartoffel-Monokultur ohne Kulturwechsel kam es, wie es kommen musste: Der Erde wurden immer die gleichen Nährstoffe entzogen; Pilzkrankheiten und Schädlinge konnten sich über Jahre hinweg ungestört fortpflanzen.

Mit Missernten kam der Hungertod

Im verregneten und kalten Sommer 1845 befiel ein Pilz (Phytophthora infestans) die degenerierten Kartoffelkulturen. Die Auswirkungen der als Kraut- und Knollenfäulnis bekannten Kartoffelkrankheit waren verheerend. Sie vernichtete mehr als die Hälfte der Ernte in Europa.

Besonders hart getroffen worden sind die irischen Monokulturen. Es wird geschätzt, dass in den Hungerjahren 1845–1851 mindestens 1 Million Iren starben. Der Nahrungsmangel führte zu einem gigantischen Auswanderungsstrom von Europa nach Nordamerika. Etwa 1 Million Iren, darunter die Vorfahren der späteren US-Präsidenten Kennedy und Clinton, vertrieb der Hunger von der grünen Insel in die Neue Welt.

Andererseits führte die Völkerwanderung innerhalb von Europa auch zur Verbreitung der braunen Knolle. In der «Histoire des Vaudois» (einem Buch über die Geschichte der Waldenser, einer im 12. Jahrhundert von Pierre Valdo in Lyon gegründeten Glaubensgemeinschaft) schreibt J.-H. Perrot – ein in Baden-Württemberg wirkender waldensischer Flüchtling –, dass der verfolgte Waldenser Anton Seignoret im Jahre 1701 die allerersten Kartoffeln, nämlich 200 Stück von dreierlei Farben und Gattungen, von den Tälern des Piemonts nach Wittenberg gebracht habe. Der Pfarrer und General der Waldenser, Heinrich Arnaud zu Schönenberg, pflanzte sie in seinen Garten. Von der Ernte sandte er je 100 Knollen an 20 Waldensergemeinden in Deutschland. So konnten die aus katholischen Oberitalien vertriebenen Angehörigen der reformierten Glaubensgemeinschaft die ihnen aus dem Piemont vertrauten Knollen auch in deutschen Landen anbauen und verspeisen.

Das Teufelskraut als Strafe Gottes

Obwohl die Kartoffel bereits gegen Ende des 16. Jahrhunderts in Europa bekannt zu werden begann, hatte sie es schwer, sich durchzusetzen. «Was der Bauer nicht kennt, das frisst er nicht», galt schon damals als Losung, die sich auch viele Gelehrte und Ärzte zu eigen machten. Hartnäckig hielt sich auch das Vorurteil, das Nachtschattengewächs aus den Anden sei giftig.

Und das stimmt zum Teil auch durchaus, zumindest was das Kraut und die grünen Früchte betrifft. Vergiftungen sind denn auch immer wieder vorgekommen, weil die Menschen aus Unkenntnis nicht die unterirdischen Knollen geerntet und gegessen haben, sondern die oberirdischen tomatenähnlichen Früchte. Vom Hunger getrieben, hat das arme Landvolk aber auch immer wieder grüne Kartoffeln geerntet, welche das giftige Solanin enthalten.

Über den «unseligen Kartoffelgenuss» schrieb sogar Johann Wolfgang von Goethe (1749–1832) – der nicht nur Schriftsteller, sondern auch ein bedeutender Botaniker war – in seinem Roman «Wilhelm Meisters Wanderjahre» von 1821: «Der Hausfrau soll es nicht an Kohl noch an Rüben oder sonst einem Gemüse im Topfe ermangeln, damit dem unseligen Kartoffelgenuss nur einigermaßen das Gleichgewicht gehalten werde.»

Denn die Kartoffel galt als zu wenig nährstoffreich, ja sie wurde gar von vielen als ungenießbar, schädlich, ungesund oder gar giftig betrachtet. Die Medici, wie die Ärzte damals hießen, die Politiker und sogar die Pfarrherren lieferten in ihren Pamphleten der Kartoffel wahre Wortschlachten.

Vorurteile und Opposition

Für alles und jedes wurde die vielseitige Knolle verantwortlich gemacht. Dass sie schwer verdaulich sei, blähe und wie ein Stein im Magen liege, wurde immer und immer wieder zitiert. Vor allem Menschen, die sitzende Tätigkeiten ausübten – gemeint waren damals die Heimarbeiter an Webstühlen und Spinnrädern –, sei die Kartoffel als Nahrung ungesund und völlig ungeeignet.

Das ging so weit, dass ein volksverbundener Schreibgewandter kundtat, die arme Bevölkerung, die vom Tagesanbruch bis zum letzten Sonnenstrahl am Abend schufte, um zu überleben, habe kaum Zeit zum Brennholzsammeln, um die Kartoffeln weich zu kochen. Die Knollen würden deshalb halb roh verspeist, was sie tatsächlich schwer verdaulich macht.

Das Nachtschattengewächs beschäftigte die Gelehrten in ganz Europa. Selbst die Medizinische Fakultät der Pariser Universität verbreitete die Ansicht, Zweifel an der Ungiftigkeit der Kartoffel seien durchaus berechtigt. So erstaunt nicht, dass sich in Frankreich noch kurz vor Ende 18. Jahrhundert 99 von 100 Bauern weigerten, über die Knolle zu diskutieren. Der Anbau war in Frankreich sogar eine Zeit lang verboten.

Ein unbekannter Eiferer, der sich als «vortrefflichen schweizerischen Medicum» bezeichnete, schrieb 1770 einen Brief an Hans Caspar Hirzel, den damaligen Präsidenten der Ökonomischen Kommission im Kanton Zürich. Darin vertrat er die Ansicht, Kartoffeln bewirkten Verstopfung: Sie enthielten viele Unreinheiten, was man daran sehen könne, dass Kartoffeln beim Waschen sechs- bis siebenmal durchgespült werden müssten, bis sich das Wasser nicht mehr trübe. Zudem verderbe das Kartoffelmehl rasch und stinke. Zahlreiche Arme, welche viele Kartoffeln äßen, bekämen große Bauchgeschwüre, Augenkrankheiten oder Schwindsucht und würden oft daran sterben.

Die Kartoffel als Politikum

Das Drucken und Verteilen anonymer Schriften war während des Ancien Régime vor der Französischen Revolution von 1789 eine verbreitete Art, Opposition zu machen und seinem Missmut Ausdruck zu geben. Die landwirtschaftlichen Ökonomen waren Reformer und hatten erbitterte Gegner, die passiven Widerstand leisteten und Neuerungen an allen Ecken und Enden zu verhindern suchten. Auch gegen die Bemühungen, Kartoffeln populär zu machen, kämpften Konservative heimlich und anonym im Hintergrund.

Der Streit unter den Gelehrten gipfelte in der Ansicht, das Teufelskraut sei als Strafe Gottes ins Land gekommen. Es sei eine Seuche wie die todbringende Pest. Kein Wunder, ging die Kartoffel in Zürich als «Pestilenzkraut» in die Geschichte ein.

Pfarrer Heinrich Keller von Schlieren bei Zürich machte in einem Brief von 1771 die Kartoffel sogar dafür verant-

«Den ganzen Ertrag deiner Aussaat, alles, was dir auf dem Felde wächst, sollst du Jahr für Jahr gewissenhaft verzehnten».

5. Mose 14, 22.

wortlich, dass eine arme Frau ein missgebildetes totes Kind zur Welt gebracht hatte. Seine These begründete er mit der Giftigkeit der Knolle, die ein gutes Rattenpulver sei und Arsen in nichts nachstehe.

Der Teufel steckt im Alkohol

Tod und Verderben brachte die Kartoffel in der Tat über die Menschheit. In Form von gebranntem Wasser. Zur Zarenzeit haben sich russische Bauern mit Wodka massenhaft zu Grunde gerichtet.

Bis zum Ersten Weltkrieg gab es z. B. in in der Schweiz «Härdöpfelschnaps». Die meist heimlich aus Kartoffeln gebrannten Schnäpse ruinierten Existenzen und brachten Elend und Armut über unzählige, meist arme Familien. Denn was wir trinken, wenn wir uns «Gesundheit» zuprosten, ist keineswegs so gesund, und die Folgen des Alkoholmissbrauchs sind hinlänglich bekannt.

Kartoffeln passen nicht ins Konzept

Im Agrarsystem der Dreifelderwirtschaft, wie sie bis ins 18. Jahrhundert üblich war, lag die Kartoffelkultur völlig quer. Jahrhundertelang hatten die Bauern ihr Land in drei mehr oder weniger gleich große Bereiche eingeteilt. Die Zelgen wurden in einem fixen Dreijahresrhythmus bestellt.

Auf der Winterzelg wurde im Herbst Getreide wie Dinkel, Weizen und Roggen gesät, das auf dem Acker überwinterte; auf der Sommerzelg im Frühjahr Sommergetreide wie Hafer oder Gerste. Das dritte Feld, die Brachzelg, wurde zur Regeneration unbepflanzt der Natur überlassen. Im folgenden Jahr wechselte die Bepflanzung der Zelgen im Turnus. Auf dem Brachland und den abgeernteten Feldern weidete das Vieh.

Mit diesem starren System blieb immer ein Drittel des Ackerlandes ungenutzt. Das Weiderecht verhinderte zudem, dass Brachland mit Gründüngungspflanzen wie Ackerbohnen oder Erbsen bepflanzt werden konnte, die in ihren Wurzelknöllchen Stickstoff speichern und an den Boden als Nährstoff an die folgende Kulturen abgeben.

Da blieb auch kein Platz für Gemüse wie Kohlrabi, Kohl und weiße Rüben – und auch nicht für die Kartoffel. Letztere hat zudem die Eigenheit, immer auch ganz winzige Knöllchen auszubilden. Wenn sie auf dem Feld bleiben, entwickeln sich daraus im folgenden Jahr Kartoffelpflanzen. Und die passten nun einfach nicht mitten ins Getreidefeld, wo sie den Ertrag schmälerten.

Die damaligen Kartoffeln sind mit den heutigen Sorten nicht zu vergleichen, denn sie waren ausgesprochen klein. In alten Schriften wird ihre Größe mit jener von Nüssen oder manchmal gar von Erbsen verglichen.

Süßkartoffel als Ersatz

Diesem Umstand wollten Ökonomen im 18. Jahrhundert mit dem Anpflanzen der Süßkartoffel (Batate) begegnen. Sie entwickelt große, wurzelähnliche Erdknollen, ist ein Windengewächs und mit der Kartoffel nicht verwandt. Für ihr Gedeihen benötigt sie sehr viel Wärme. Somit war der Anbau nördlich der Alpen zum Scheitern verurteilt.

Aus wirtschaftlichen und wegen der Zunahme der Bevölkerung auch aus ernährungsbedingten Überlegungen hätten die Kartoffeln Platz auf dem Brachland finden müssen. Denn es sollte ja nicht weniger Getreide angebaut werden, sondern die Kartoffeln sollten zusätzliche Nahrung für immer mehr hungrige Mäuler liefern. Aber die Vegetationszeit vieler Kartoffelsorten dauert bis Oktober. Erst wenn die Staude abgestorben ist, sind die Knollen schalenfest: und nur so sind sie lagerfähig und stehen in den Wintermonaten als Nahrung zur Verfügung. Doch gemäß dem Rhythmus der Dreifelderwirtschaft hätte spätestens im September der Kartoffelacker umgepflügt und für die Aussaat von Wintergetreide vorbereitet werden müssen.

Ohne Fleiß kein Preis

Die Bauern lernten schnell, dass Kartoffeln «Nährstoffräuber» sind. Sie beschweren sich immer wieder bei der Obrigkeit, sie hätten Unmengen von Dünger in Form von Mist auszubringen, damit überhaupt mit einer einigermaßen akzeptablen Ernte und einem entsprechenden Gewinn gerechnet werden könne. Auch ist die Kartoffelkultur im Vergleich mit dem Getreide viel arbeitsintensiver. Kartoffeln müssen in Furchen gesetzt, angehäufelt und einige Male gejätet werden. Anders als bei Obst oder Getreide kann man das Wachstum der unterirdischen Knollen nicht laufend kontrollieren. Missernten sind deshalb schwer voraussehbar. In einer Gesellschaft, die auf Gedeih und Verderb von der Agrarwirtschaft abhing, war die Angst vor Fehlernten allgegenwärtig.

Auch das Ausgraben der Knollen gefiel den Großbauern nicht. Kartoffeln mit Hacke oder Schaufel aus der Erde graben, ohne sie zu verletzen, oder gar mit bloßen Händen in der Erde wühlen? Wo käme man da hin! Unterstützung bekamen sie von den Müllern, welche um ihre fetten Pfründe fürchteten. Die Müller sahen in der Kartoffel eine starke Konkurrenz zum Getreide und bangten um ihre Monopolstellung.

Der Zehnte als Handicap

Seit Urzeiten verlangt die Obrigkeit ihren Obolus von den Untertanen. «Den ganzen Ertrag deiner Aussaat, alles, was dir auf dem Felde wächst, sollst du Jahr für Jahr gewissenhaft verzehnten», heisst es im Alten Testament (5. Mose, 14, 22). Auf dieses Bibelzitat stützte sich der Frankenkönig Karl der Grosse (742–814), als er den Pfarrkirchen das Recht erteilte, von ihren Schäfchen den zehnten Teil aller Erträge des Kulturlandes einzuziehen.

Damals wie heute stöhnte die Bevölkerung über die hohen Steuerlasten. Mit der Abgabe des Zehnten von Vieh, Getreide und Obst und dem entsprechenden Wertanteil in Form von Heugeld fühlten sie sich bereits ausreichend geschröpft. Man könne sie ja allenfalls noch zum unrentablen Anbau von Kartoffeln verpflichten; sie seien aber bestimmt nicht in der Lage, diese auch noch zu versteuern.

Diese aufmüpfige Haltung der Bauern passte der Obrigkeit, allen voran den Pfarrherren, nicht in den Kram, sie bangten um ihr Einkommen.

Der erbitterte Streit um den Kartoffelzehnten dauerte Jahrzehnte und flammte bei jeder wetterbedingten Missernte von Neuem auf.

Mitte 18. Jahrhundert war der Pfarrer das wichtigste Bindeglied zwischen Stadt und Land, zwischen staatlicher Obrigkeit und ländlichen Untertanen. Er diente den Regierenden als Wächter, der für die Befolgung ihrer Erlasse zu sorgen hatte. So beschwerten sich die Pfarrherren, die unter der Landbevölkerung leben mussten, jeweils schriftlich bei den Regierenden in den Städten über die Widerstand leistenden Bauern.

Dank den vielen Korrespondenzen um die Zehntenabgabe ist eine unglaubliche Fülle von Informationen über den Anbau der Kartoffeln und ihre Verbreitung historisch verbrieft. Nachzulesen ist dies etwa in der Dissertation von Roger Peter, die 1994 von der Universität Zürich angenommen wurde. Peters «Wie die Kartoffel im Kanton Zürich zum ‚Heiland der Armen' wurde» ist ein über 400 Seiten umfassendes Buch über die Sozialgeschichte der Kartoffel in der Schweiz.

«Verhüllte Frucht im Erde-Reich!

Du trozzest den Gewittern;

Du wachsest fort und du wirst gross,

Wenn klekte Halme zittern:

Wenn du auch nicht reich gedeihst,

Du doch beträchtlich stets erfreust.»

Loblied auf den Nutzen der Erdäpfel

von Franz Müller, 1795

Hunger ist der beste Koch

Für die Menschen im 18. Jahrhundert war es eine traurige Tatsache, dass sie mindestens einmal in ihrem Leben eine Hungersnot durchleiden mussten. In guten Jahren mit reicher Ernte nahm die Bevölkerung jeweils zu; in schlechten Jahren litten die Menschen an Unterernährung und waren damit anfällig für Krankheiten, Siechtum und frühen Tod.

So gesehen ist es nicht weiter erstaunlich, dass dramatische Hungerkrisen dem Kartoffelanbau letztendlich zum Durchbruch verhalfen. Aber die Abneigung gegen die Erdfrucht aus der Neuen Welt war noch lange Zeit groß. Wenn die Wetterbedingungen eine erfolgreiche Getreideernte versprachen, wurde der Kartoffelanbau wieder vernachlässigt – oder mindestens auf Äcker an ungeeigneten Standorten und mit magerem Boden verbannt.

Per Dekret zur Kartoffelkultur

Mancherorts musste die Obrigkeit eingreifen und den Anbau richtiggehend verordnen. So etwa der Preußenkönig Friedrich Wilhelm I. im Jahre 1720. Trotz Androhung von drakonischen Strafen konnte er sich bei den aufmüpfigen Bauern aber nicht durchsetzen.

Sein Nachfolger, Friedrich der Große (der alte Fritz), griff nach der Hungersnot von 1740 zu einer List. Er ließ auf den Feldern in der Umgebung von Berlin Kartoffeln anbauen und sie von Soldaten streng bewachen – allerdings nur zum Schein. Denn der Preußenkönig kannte seine Pappenheimer und setzte auf ihre Neugier. Die Bauern argwöhnten denn auch nicht lange. Sie schlichen nachts heimlich aufs Feld und stahlen die Kartoffeln gleich korbweise, um sie auf ihrem eigenen Grund und Boden anzubauen.

Eine andere Legende erzählt, die Landwirte hätten die staatlich verordneten Pflanzen samt ungenießbaren grünen Früchten wütend verbrannt. Erst da seien sie auf die «Äpfel in der Erde» gestoßen, welche im Feuer geschmort, köstlich dufteten.

«Man dörr' Erdäpfel hausiglich,

Die Jahre durch gut bleiben!

Und Ihrer dann erfreut Man Sich,

Wenn Brod-Preis' höher treiben,

Auch, selbst in guter froher Zeit,

Erdapfel-Grüzz stets wohl gedeih't.»

Danklied für die Gabe der Erdäpfel

von Franz Müller, 1796

Friedrich der Große ging mit gutem Beispiel voran, um die skeptischen Städter vom Kartoffelgenuss zu überzeugen. Auf seinen Reisen durch die Mark Brandenburg oder Schlesien ließ er sich in aller Öffentlichkeit die dampfenden Knollen servieren. Dank seiner Weitsicht kamen die Preußen relativ glimpflich durch die von Teuerung und Hunger geprägten Jahre nach 1770.

Der Bayrische Erbfolgekrieg von 1778/79 zwischen Preußen und Österreich ging als eigentlicher Kartoffelkrieg in die Geschichte ein. Die verfeindeten hungrigen Soldaten stahlen nicht nur gegenseitig die Verpflegung, sie gruben auf den Feldern auch alle Kartoffeln aus.

Kartoffeln für Suppenanstalten

Heute, wo Pommes-Buden und Verpflegungsstätten flächendeckend bald an jeder Straßenecke frittierte Kartoffeln anbieten, ist es schwer nachvollziehbar, wie stark die Abneigung gegen die nahrhafte Knolle damals gewesen sein muss. Aber wenn man weiß, dass sich die untere Bevölkerungsschicht vorwiegend von Getreidebrei und Brot ernährten musste, hat man für die «Kartoffelabwehr» Verständnis.

So gesehen revolutionierten die Kartoffeln auch das Essverhalten. Erst einmal in Form von Suppe: In ganz Europa wurden öffentliche Anstalten eingerichtet, in denen Mittellose für wenig Geld oder durch Arbeitseinsatz zu einer billigen, sättigenden «Rumford-Suppe» kamen. Sie bestand aus Wasser, Erbsen, Salz, Getreide, manchmal ein bisschen Fleisch, und selbstverständlich aus Kartoffeln. Die Zutaten wurden stundenlang gekocht, bis sie so dickflüssig waren, dass sie am Löffel kleben blieben.

Erfinder der Kartoffelspeise war Sir Benjamin Thompson (1753–1814), Graf von Rumford, erst britischer, dann bayrischer Staatsmann, der 1790 in München eine Suppenanstalt gegründet hatte.

Hunger ist der beste Koch

Die Knolle am französischen Königshof

Um 1760 saß der französische Apotheker Antoine-Auguste Parmentier bei Hannover in Kriegsgefangenschaft. Als oberster Armee-Pharmazeut untersuchte er dort den Nährwert der Kartoffel – und war begeistert! Nach Frankreich zurückgekehrt, setzte er seinen ganzen Ehrgeiz ein, um die Knolle allem Widerstand zum Trotz populär zu machen.

Dazu war ihm praktisch jedes Mittel recht, sogar die kühne Idee, sich am Hofe Ludwigs XVI. einführen zu lassen. Der König erwies dem begnadeten Kartoffelkoch die Gunst, einen Strauß Kartoffelblüten anzunehmen und sich eine Blüte an die Brust zu stecken.

1787 fand im Prunkschloss zu Versailles ein grandioses Hofbankett statt, an dem auch der damalige amerikanische Gesandte in Paris, Benjamin Franklin, teilnahm. Die Tische waren überschwänglich mit Kartoffelblüten geschmückt. Als eingewobenes Muster zierten sie sogar die kostbare Robe des Königs. Zu essen gab es nichts außer Kartoffeln, von Parmentier «auf tausendfache Manier verkleidet». Der Erfinder der berühmten «Potage Parmentier» hatte die Kartoffeln in Frankreich so hoffähig gemacht. 1799 propagierte er sogar ein aus Kartoffelmehl gebackenes Brot.

Tischsitten und Tafelfreuden

«Manche verhalten sich wie Kartoffeln: Ihnen gehen die Augen erst auf, wenn sie im Dreck liegen.»

Volksmund

Brei und Brot waren die Hauptnahrung der Bevölkerung bis Mitte des 19. Jahrhunderts. Kartoffeln in der Schale zu kochen und so zu verspeisen, bedeutete damals bereits eine kleine Revolution. Meist wurden die dampfenden Knollen auf dem blank gescheuerten Holztisch ausgebreitet und mit ein bisschen Salz, manchmal auch mit Kümmel gegessen – und zwar morgens, mittags und abends.

Der größte Teil der Bevölkerung konnte sich auch kaum etwas anderes leisten. Glücklich war, wer im Vorgärtchen Gemüse anbauen, einen Obstbaum pflegen und einige Kartoffeln pflanzen konnte. Oft mangelte es im Frühjahr allerdings an Saatkartoffeln, weil der ganze Vorrat im Laufe des Winters aufgegessen worden war.

Andere wiederum versuchten, auf der Allmende, einem gemeinsam genutzten Gemeindegut, ein Stück Land zu ergattern, um dort Kartoffeln, Kürbis, Herbstrüben, Bohnen und Erbsen zu kultivieren. Dann gab es aber auch die «Sammelwirtschaft»: Während Vater und Mutter mit Heimarbeit am Webstuhl oder Spinnrad beschäftigt waren, sammelten die Kinder – ein gutes Dutzend waren damals üblich – Beeren, Nüsse und Pilze im Wald sowie Kräuter und Wurzeln auf der Wiese. Ein Stück Brot war eine heiß begehrte Zwischenmahlzeit.

Die Mühen der Müller

Die Idee, aus Kartoffeln Mehl herzustellen und daraus Brot zu backen, spornte im 18. Jahrhundert in halb Europa die Obrigkeiten und Gelehrten an. So stellte die Gesellschaft der Wissenschaften der Uni Göttingen schon 1758 eine der damals üblichen Preisfragen: «Wie kann man ein gesundes und über Wochen haltbares Brod aus Tartüffeln machen?»

Mit dem Mahlen der Kartoffeln wurde auch angestrebt, sie als Vorrat für Notzeiten zu konservieren. Denn die Knollen sind nur einige Monate haltbar, und auch dies nur unter optimalen Bedingungen wie gleichmäßig kühle Temperaturen und hohe Luftfeuchtigkeit.

Das Dörren von Äpfeln, Birnen, Pflaumen und Zwetschgen war den Menschen aus traditioneller Überlieferung vertraut. Damalige Obstbäume waren alternierend: Auf ein Jahr mit vielen Früchten folgte jeweils ein Jahr mit geringem oder im Extremfall sogar überhaupt keinem Ertrag. So dörrte man jeweils die Überschüsse der Ernte und sorgte damit für magere Zeiten vor.

Was mit den Früchten von Bäumen funktioniert, so die Überlegung, müsste auch mit der Erdfrucht möglich sein, um sie sicher über den Winter zu bringen. Rohe Kartoffeln wurden gewaschen und geschält, in Scheiben geschnitten und auf Dörrgittern im Ofen getrocknet. Für die Zubereitung weichte man sie – manchmal zusammen mit gedörrten Früchten – über Nacht in Wasser ein und kochte sie am nächsten Tag, bis sie zu Mus zerfielen.

Ein anderes Vorgehen bestand darin, Kartoffeln mit der Schale in Wasser zu kochen und sie dann zu schälen und zu zerstampfen. Die Masse füllte man in flache Schalen, deckte sie mit Tüchern zu und trocknete sie im Ofen.

Ob gedörrte Scheiben oder getrocknetes Püree: Für die Herstellung von Mehl mussten die Kartoffeln gemahlen werden. Für kleine Mengen im Haushalt nahm man die Kaffeemühle. Für die Versorgung der Bevölkerung sollten die Müller diese Arbeit übernehmen. Doch diese Berufsgattung war vom Ansinnen keineswegs begeistert, weil die teigige, klebrige Kartoffelmasse die Mühlen verstopfte. In Jahren von Getreidemangel blieb den Müllern allerdings keine andere Wahl, als Kartoffelmehl herzustellen, wollten sie den Verdienstausfall einigermaßen auffangen.

Die Herstellung von Kartoffelmehl rief unzählige Tüftler und Erfinder auf den Plan. Unter ihnen Johann Georg Sulzer aus Winterthur (1720–1779). Er war Professor an der Königlichen Ritterakademie in Berlin und verfasste bereits um 1770 eine Konstruktionsanleitung mit detaillierten Skizzen zur Herstellung einer Kartoffelmühle. Später wurden die Mühlen für Hanfsamen, welche man dem Federvieh verfütterte, zu Kartoffelmühlen weiterentwickelt. Mit Hobeln, wie sie noch heute für die Zerkleinerung von Kohl für die Sauerkrautherstellung verwendet werden, wurden die Kartoffeln in hauchdünne Scheiben geschnitten, damit sie im Ofen schneller trocknen.

Kartoffeln revolutionieren die Küche

Es wurden unzählige Rezepte für ein Kartoffelbrot entwickelt. Wer sich Getreidemehl leisten konnte, mischte höchstens ein Drittel Kartoffelmehl unter den Teig. Doch auch bei viel Hefe wollte das Brot nicht aufgehen und blieb ein eher trockener, zäher, flacher Fladen.

Mehr Erfolg hatte der Brei aus zerstampften, gekochten Kartoffeln, dem man Milch und Salz zufügte. Er war der Vorläufer des Kartoffelpürees, regional auch Kartoffelbrei genannt. Mit dem kleinen Saucensee zählt er seit Generationen zu den Favoriten von Groß und Klein.

Das Braten der Kartoffel war ein eigentlicher Evolutionsschritt. Überzählige in der Schale gekochte Kartoffeln vom Vortag (Pellkartoffeln) wurden jeweils am nächsten Morgen geschält, in Scheiben geschnitten und im Schmalz gebraten.

Gegen Ende des 18. Jahrhunderts kreierten findige Hausfrauen die Rösti, das nebst Birchermüesli weltweit wohl bekannteste Schweizer Gericht. Bei speziellen Anlässen und an Feiertagen wie Taufe, Hochzeit, Weihnachten oder Ostern kamen Kroketten oder «Gnocchi» aus Kartoffeln auf den Tisch.

Ein bisschen Botanik

Kartoffeln sind eine Kuriosität: Aus ihren «Augen» – das sind die kleinen Vertiefungen in der Schale – bilden sich oberirdische wie auch unterirdische Triebe. Wenn man die Knolle im Frühjahr in die Erde setzt, streben die einen Triebe nach oben ans Licht. Aus diesen Trieben wächst eine Staude, die eine Höhe bis zu einem Meter erreicht.

Die Pflanze hat ein üppiges Blattwerk und attraktive Blüten, welche in Büscheln zusammensitzen. Je nach Sorte sind sie weiß oder in Rosaschattierungen bis zu einem kräftigem Violett. Aus den Blüten entwickeln sich kirschgroße grüne Früchtchen mit Samen, die wie winzige Tomaten aussehen. Sie enthalten das giftige Solanin und sind ungenießbar.

Aus den unterirdischen Trieben wachsen Wurzeln, die Ausläufer (Stolonen) bilden, aus denen die Kartoffeln entstehen. Die Knollen sind somit verdickte unterirdische Stängelstücke und dienen der Pflanze als Speicherorgane, die Stärke, Vitamine und Mineralstoffe einlagern.

Mit den kürzer werdenden Tagen im Herbst vergilbt das Laub und stirbt ab. Die Pflanze zieht die Nährstoffe aus Blättern und Stängeln zurück und lagert sie in den Knollen ein und verfestigt während dieser Reifezeit die Schale. Die Frühkartoffeln haben eine sehr dünne Haut, deshalb sind sie nicht lagerfähig. Dies im Gegensatz zu den schalenfesten, ausgereiften Kartoffeln, die im Herbst geerntet werden.

«Sie ließ ihn fallen wie eine heiße Kartoffel.»

Redeweise

«Die dümmsten Bauern haben die dicksten Kartoffeln.»

Volksmund

Die Kartoffel ist ein Nachtschattengewächs und mit Tomate, Paprikaschote, Pfeffer-/Chilischote, Aubergine, Pepino und Andenbeere verwandt.

Botanisch heißt die Kartoffel «Solanum tuberosum», dies seit 1595, wie einem Herbarium-Exemplar von Caspar Bauhin zu entnehmen ist, das sich Botanischen Museum in Basel befindet.

Bis ins 18. Jahrhundert wurde die Kartoffeln «Tartuffel» oder «Tartüffel» genannt. Die Namen leiten sich aus den italienischen Begriffen «tartufo» und «tartufolo» ab, die eigentlich «Trüffelpilz» bedeuten. Daraus entstand der Name «Kartoffel», der erstmals im Jahre 1757 in Deutschland festgehalten worden ist.

Allgemein üblich war, den Kartoffeln Namen zu geben, die Aufschluss über ihre Herkunft oder ihren Eigenschaften gaben. Beispiele sind «Rote Engländer», «Pfälzer», «Blaue Hornkartoffel» oder «Unmistler» für eine Sorte, die mit wenig Dünger gedeiht. In der deutschen Mundart entstanden verschiedene regionale Namen wie «Erdbirne», «Grundbirne», «Krummbeere» oder auch «Erdapfel» und «Härdöpfel».

Kultivierte Kartoffeln

Die Kartoffel ist eine Diva: Wer ihre Ansprüche ignoriert, wird mit einer mageren Ernte, schlechter Qualität oder gar kranken Knollen bestraft. Bodenbeschaffenheit, optimales Klima und Pflegebedarf sind sortenspezifisch. Anbau ohne Fruchtwechsel, Überalterung und verregnete Sommer machen sie anfällig für Pilze, Bakterien und Viren. Es wird weltweit geforscht, um die über 260 bekannten Krankheiten in den Griff zu bekommen.

Gefallen an den köstlichen Knollen haben auch Mäuse, Drahtwürmer, Engerlinge und Schnecken. Besonders gefürchtet ist der Colorado- oder Kartoffelkäfer. Während des letzten Weltkrieges sammelten Abertausende von Schulkindern die hübschen schwarzgelb gestreiften Schädlinge ein. Die etwa einen Zentimeter großen Käfer und ihre Larven fressen das Blattwerk bis auf die Stängel ab. Die im Boden geschlüpften Jungkäfer ernähren sich direkt von den Knollen.

Verschiedene Anbaumethoden

Bis vor etwa 20 Jahren kannte man fast ausschließlich den konventionellen Anbau. Im Intensivanbau werden die Kulturen mit chemischen Mitteln vor Krankheiten geschützt und gedüngt. Entsprechende Mittel werden auch für die Krautvernichtung und aufkeimendes Unkraut eingesetzt. Die Schattenseite der während Jahrzehnten praktizierten Anbaumethode liegt auf der Hand: belastete, ausgelaugte Böden und Rückstände, die ins Grundwasser gelangen. Zudem werden mehr und mehr Schädlinge resistent gegen die verwendeten chemischen Mittel.

Einen Ausweg aus der Sackgasse brachte die «Integrierte Produktion» (IP). Sie ist in westeuropäischen Ländern je länger je mehr die Norm und wird mit staatlichen Beiträgen gefördert.

Die Faustregel für die Integrierte Produktion lautet: Nur so viele Eingriffe wie nötig, und diese schonend und gezielt. Die Richtlinien fordern z. B.:
- gezielte Düngung aufgrund von Bodenanalysen;
- mechanische statt chemische Unkrautbekämpfung, wo immer das Wetter dies erlaubt;
- Einsatz von Insektiziden gegen den Kartoffelkäfer nicht präventiv, sondern erst bei einer bestimmten Befallsdichte und Schadenschwelle;
- Verwendung von Fungiziden gegen Pilzkrankheiten nur gemäß Befallsprognose;
- die Kartoffelstauden werden vor der Ernte abgeflammt, maschinell abgeschlagen (Krautschlegelgerät) oder mit umweltverträglichen Mitteln abgebrannt;
- Schutz vor Krankheiten und auch Schädlingsbefall durch abwechslungsreiche Kulturen (Fruchtfolge), etwa indem man Kartoffeln nur alle vier Jahre auf demselben Acker anbaut.

Biologische Produktion

Chemische Hilfsstoffe und Düngereinsatz sind im biologischen Landbau (respektive im «ökologischen Landbau» gemäß EU-Richtlinien) verboten. Diese Vorschrift gilt nicht nur für einzelne Äcker, sondern für den ganzen Betrieb, also auch für den Hausgarten. Gedüngt wird mit organischen Produkten wie Kompost, Mist, Tier- und Kräuterjauche, Gesteinsmehl sowie mit bestimmten eingesäten Pflanzen, die sich als Gründüngung eignen. In Frage kommen Senf, der mit seinen Wurzeln den Boden tiefgründig lockert, oder Bienenfreund (Phacelia) mit seinen hübschen blauen Blüten, der die Erde im Winter vor Witterungseinflüssen schützt.

Eine bodenschonende Bearbeitung der Äcker ist im Bio-Anbau Pflicht, ebenso wie die Wahl von auf Krankheiten und Schädlinge wenig anfälligen Sorten. Die Kulturen müssen regelmäßig kontrolliert werden. Das Auftreten von Krautfäule lässt sich mit Kupferprodukten verzögern; andere Fungizide zur Bekämpfung dieser gefürchteten Kartoffelkrankheit sind im biologischen Anbau hingegen nicht gestattet. Da die Kupferprodukte zu schädlichen Rückständen im Boden führen können, sucht man nach Alternativen.

Ein wirtschaftlicher Schaden durch den Kartoffelkäfer entsteht bei mehr als einem Eigelege pro Pflanze, bei zehn Larven oder 20 % Blattverlust. Gegenmaßnahmen sind das Ablesen der Larven von Hand oder der Einsatz eines natürlichen Feindes des Kartoffelkäfers als Gegenspieler (Bacillus thuringiensis). Unkraut wird ausschließlich mechanisch durch Hacken und Anhäufeln bekämpft.

Der Verzicht auf chemische Düngung, Unkrautregulierung und Krautfäulnisbekämpfung bewirkt einen geringeren Ertrag bei höherem Aufwand und kann zu Qualitätsproblemen führen. Deshalb sind Bio-Kartoffeln etwas teurer. Sie sind mit entsprechendem Gütesiegel ausgezeichnet.

Kartoffeln im eigenen Hausgarten pflanzen?

Doch, das lohnt sich! Denn es gibt nichts Köstlicheres als frisch aus der Erde gegrabene Frühkartoffeln. Ihr Vitamingehalt ist dann am höchsten und auch der Geschmack einmalig. «Neue Kartoffeln» gart man nach dem Waschen samt dem hauchdünnen Häutchen im Dampf. Die Knöllchen, die bei der Ernte anfallen und meist nicht in den Handel kommen, werden zur Delikatesse, wenn man sie in Olivenöl brät und mit Rosmarin oder Thymian würzt.

Kartoffeln lieben humose, leicht saure Erde, die man für einen guten Ertrag mit Kompost und verrottetem Mist anreichert. Sie eignen sich auch, um verdichteten, mit hartnäckigem Unkraut wie Winden, Giersch (Geißfuß) oder Quecken bewachsenen Boden aufzubereiten. Mit dem Kartoffelanbau kann man ferner eine Neuanlage oder ein Stück Rasen oder Wiese urbar machen. Der Ertrag ist in solchen Fällen nicht überwältigend, die Erde nach der Ernte dafür krümelig und fruchtbar.

Ideal für den Anbau ist ein besonnter, luftiger Standort mit in Hauptwindrichtung angelegten Reihen. Bezüglich Nährstoffbedarf eignen sich Beete, auf denen im Herbst eine Gründüngung wuchs oder wo alter Mist oder Kompost eingearbeitet wurde.

So wird gepflanzt

So werden die Saatkartoffeln früh die Augen öffnen: ab März vorkeimen! So sind sie weniger krankheitsanfällig und früher erntereif. Man legt die Kartoffeln in flache Kistchen und stellt diese an einen kühlen, hellen Platz. Innerhalb von vier bis acht Wochen – je nach Sorte – wachsen kräftige, gedrungene Keime. Kartoffeln, die im dunklen Keller bei zu hoher Temperatur auskeimen, bilden, helle Triebe, die beim Setzen abbrechen.

Ab April, wenn die Bodentemperatur mindestens 7 °C beträgt, werden die Knollen 10 cm tief gesetzt, in Furchen oder in Löcher. Innerhalb der Reihe gilt ein Abstand von 30 bis 40 cm, von Reihe zu Reihe 60 bis 75 cm.

Kartoffelpflanzen sind ausgesprochen frostempfindlich. Man kann die Beete mit Folie oder Vlies abdecken. So erwärmt sich der Boden schneller, was ein rasches Wachstum fördert. Oder man häufelt freie Triebe mit Erde zu, wenn Frostnächte drohen.

Sind die Stauden gut eine Hand hoch (15 bis 20 cm), werden sie gehäufelt, und dies am besten morgens, denn gegen Abend ist das Kraut meistens schlapp. Kartoffeln gut mit Erde bedecken, denn am Licht werden sie grün. Grüne Stellen enthalten giftiges Solanin und müssen großzügig weggeschnitten werden. Wenn es im Frühling trocken bleibt: Bis Anfang Juni benötigen Kartoffeln reichlich Wasser!

Erntefreuden – der Mühe Lohn

In der Regel kann man ab der zweiten Junihälfte mit der Ernte von Frühkartoffeln beginnen. Im Hausgarten werden jeweils laufend so viele Knollen ausgegraben, wie man in der Küche benötigt. Denn das Knollengewicht nimmt in den folgenden Wochen noch zu. Im August rodet man sämtliche Frühkartoffeln mit der Grabgabel. Das Beet ist nun bereit für Nachkulturen oder die Aussaat von Gründüngungspflanzen.

Wer Lagerkartoffeln anbauen will, was sich höchstens in großen Gärten lohnt, wartet mit der Ernte, bis das Laub abgestorben und eingetrocknet ist. Kartoffeln sorgfältig ausgraben, damit sie nicht verletzt werden. Beschädigte Exemplare aussortieren und baldmöglichst in der Küche verwenden.

Kartoffeln vor dem Einlagern 3 bis 4 Wochen lang trocknen und luftig bei rund 15 °C vorlagern. Das fördert die Schalenfestigkeit und damit die Haltbarkeit. Aber Vorsicht: Die Knollen müssen vor Licht geschützt werden, sonst verfärben sie sich grün und bilden das schädliche Solanin!

Linda
Die «Königin der Kartoffeln» in Deutschand aus dem Jahr 1974. Sie ist derzeit in der Öffentlichkeit stark in der Diskussion, weil sie wegen Lizenzaufgabe aus dem Handel zu verschwinden droht. Als Kartoffel unserer Kinderstube begeistert sie immer noch mit ihrem unvergleichlichen Buttercreme-Geschmack und ihrem sattgelben Fleisch in der gelben, glatten Schale. Die ovalen Knollen sind mittelfrüh reif und lassen sich hervorragend lagern. Also: weiterhin keine Grenzen bei Salat-, Salz-, Pell- oder Gratinkartoffeln, wenn diese sich so gut in einer Sorte vereinen lassen!

Olivia
Gelungene neugezüchtete Hofsorte von Karsten Ellenberg aus dem Jahr 2004. Erinnert in Farbe und Form an «Riesenoliven»: blauschalig, oval, mit glänzendem, tieflila Fruchtfleisch. Sie zeichnet sich durch exzellenten Geschmack aus. Ideale Salat- und Röstkartoffel, die Farbe auf den Tisch bringt.

Handelssorten

Kochtyp A (festkochend)

Amandine
Sehr frühe französische Sorte, die seit 1999 in der Schweiz angeboten wird. Feingepunktete, dünn- und glattschalige, formschöne, langovale Qualitätskartoffel ohne Augen mit gutem Geschmack. Nicht lagerbar.

Charlotte
Frankreich 1981. Gelbe Schale, gelbes Fleisch. Langoval, mittelfrüh, ertragreich. Schöne, rotviolette Blüten. Sehr gutes Aroma, eignet sich ausgezeichnet für Kartoffelsalate.

Rosamunde
«Schinkenkartoffel». Neuzüchtung vom Biolandhof Ellenberg, die zur Zulassung angemeldet ist. Bildschön in Farbe und Form: rosig-schinkenfarben, länglich – mit speckigem Geschmack. Ideal für Kartoffelsalat!

Nicola
Bewährte deutsche Handelssorte aus dem Jahr 1973. Langoval, gelbschalig und gelbfleischig. Schön geformt und geschmacklich sehr gut. Weiße Blüten. Mittelfrüh.

Emma
Erste Neuschöpfung vom Biolandhof Ellenberg aus Barum aus dem Jahr 2000. Sie überzeugt durch die Optik - länglich, leicht hörnchenförmig, gelbe Schale, gelbes Fleisch – und das Aroma: würzig-cremig, einfach gut. Vielseitig einsetzbar. Mittelspät reifend.

Rote Emma
Neue, rotschalige Version der Emma mit den gleichen bestechenden Eigenschaften…

Selma

Mittelfrühe, deutsche Kartoffel mit Tradition von 1972. Langovale, gelbschalige Knollen mit flachen Augen und ockergelbem Fleisch, das durch guten Geschmack überzeugt. Weiße Blüten. Den ganzen Winter über lagerfähig.

Sieglinde

Frühe deutsche Sorte von 1935, die unsere Großmütter noch zu schätzen wissen. Lang-ovale Knollen, gelbschalig und gelbfleischig, angenehmer kräftiger Kartoffelgeschmack, wie man ihn heute kaum noch kennt. Ein Allround-Talent, das überall einsetzbar ist, ob als Salat- oder Pellkartoffel. Guter Ertrag.

Stella

Schöne, nierenförmige, mittelgroße glattschalige, gelbe Delikatesskartoffel aus Frankreich von 1958. Hellgelbes, feines Fleisch. Ernte mittelfrüh. Recht ertragreich. Bis in den Februar lagerbar.

Weitere Sorten dieses Kochtyps: Cilena, Ditta und Solara.

Kochtyp B (vorwiegend festkochend)

Agria

Wegen ihres guten Geschmacks immer noch beliebte deutsche Handelssorte von 1985. Kreuzung aus Quarta und Semlo, vergleichbar mit Bintje. Große, gelbfleischige, ockerschalige, ovale bis längliche Knollen, die nach dem Kochen nicht zerfallen und eine sehr duftig-lockere Konsistenz aufweisen. Sie wird daher gern zu Pommes verarbeitet. Ernte mittelfrüh. Schorfanfällig.

Berber

Niederlande 1983. Äußerst frühe Sorte, die sich für den Folienanbau eignet. Regelmäßig geformte, große, langovale, ockergelbe Kartoffeln mit flachen Augen, gelbem Fleisch und angenehm kräftigem Aroma – für Pommes und Chips geeignet. Hohe Erträge. Mittelfrüh.

Christa

Klassische, beliebte Kartoffelsorte aus Deutschland von 1975. Gelbschalig und ausgesprochen gelbfleischig. Langoval mit flachen Augen – gute Schälkartoffel. Hellrotviolette Blüten. Sehr frühe Ernte.

Désirée

Rotschalige mit hellgelbem Fleisch aus Deutschland von 1962. Begeistert durch ihren guten Geschmack und die vielfältigen Verwendungsmöglichkeiten. Rotviolette Blüten. Enorm wüchsig. Riesenerträge ovaler Knollen. Mittelfrüh.

Granola

Traditionelle Allround-Speisekartoffel mit gutem, mildem Geschmack aus Deutschland von 1975. Gelbgenetzte Schale, gelbfleischig. Rotviolette Blüten. Mittelfrüh.

Leyla

Sehr frühe Sorte aus Deutschland von 1988. Glatte, gelbe Schale, tiefgelbes Fleisch, langoval. Flache Augen, daher ideal als Pellkartoffel. Hellrot-violette Blüten. Bis ins Frühjahr lagerbar. Auffallend guter Geschmack.

Rosara

Sehr frühe, glatte, langovale, rotschalige Speisekartoffel aus Deutschland von 1990 mit gelbem, aromatischem Fleisch. Rotviolette Blüten. Riesenerträge.

Satina

Mittelfrühe, gelbschalige und gelbfleischige, qualitativ gute Speisekartoffel mit flachen Augen – ideal als Schälkartoffel. Guter Ertrag rundovaler, glattschaliger, schöner Knollen, die aufgeschnitten wie Satin schimmern.

Weitere Sorten dieses Kochtyps: Arkula, Bintje, Laura, Marabel, Secura.

Kochtyp C (mehlig kochend)

Afra

Mittelfrühe Neuzüchtung aus Deutschland von 1990 mit sehr gleichmäßig geformten, mittelgroßen, feinkörnigmehligen Kartoffeln mit flachen Augen für feine Pürees und andere Teiggerichte. Angenehm kräftiger Geschmack. Ertragreiche gelbschalige, gelbfleischige, ovale Sorte, die sich beim Kochen kaum verfärbt.

Likaria

Mittelfrühe, ertragreiche Sorte aus Deutschland von 1986, die aufgrund ihres typischen Duftes und kräftigen Geschmacks gern für Pell- und Salzkartoffeln, aber auch für Klöße und Pürees verwendet wird. Sie springt beim Kochen leicht auf. Recht große, formschöne, gleichmäßige, langovale Kartoffeln mit raugenetzter Schale. Spitzenerträge. Gute Lagerfähigkeit.

Princess

Frühsorte aus Deutschland von 1998. Gelbe Schale mit flachen roten Augen (leicht zu schälen!) und gelbes Fleisch. Oval. Blüten weiß. Wohlschmeckende, vielseitige Speisekartoffel. Lagerfähig bis ins Frühjahr.

Quarta

Hervorragende, rundovale Speisekartoffel aus Deutschland von 1979. Gelbe Schale, flache, rote Augen und tiefgelbes Fleisch. Weiße Blüte. Mittelfrüh. Bis ins Frühjahr lagerfähig.

Adretta

Eine ostdeutsche Sorte aus dem Jahr 1975 mit ockergelber Schale, flachen Augen und hellgelbem Fleisch. Immer noch grenzenlos beliebt für Backrezepte, Knödel, Pürees, Kartoffelteiggerichte. Sie zeichnet sich durch kräftigen Wuchs, Robustheit und gute mittelfrühe Ernte rundovaler, wohlschmeckender Kartoffeln aus.

Raritäten

Kochtyp A (festkochend)

Bamberger Hörnchen
Späte fränkische Gourmetsorte aus dem Raum Bamberg von 1870, die nach ihrer schlanken Hörnchenform benannt ist. Gelbe Schale mit einem Hauch Rosa. Würziger Geschmack. In Süddeutschland eine begehrte Salat- oder Pellkartoffel, die auch halbiert und in Öl geröstet delikat schmeckt. Spätreifend.

Linzer Delikatess
Mittelfrühe aus Österreich von 1975. Gilt dort als «Gartenkönigin». Außen ockerfarben, innen gelb. Geschmacklich ein Genuss. In reifem Zustand gut lagerbar. Weißblühend.

Pink Fir Apple/'Rosa Tannenzapfen'
Späte Sorte aus England um 1850. Die noch an Urformen der Kartoffel erinnernden verwachsenen, gelbfleischigen Knollen mit der dezent-rosafarbenen Schale zeichnen sich durch einen sehr würzigen Geschmack aus. Ideal für Salate und zum Rösten.

Roseval
Rotschalige aus dem Frankreich der 50er Jahre. Schlank, länglich-oval, mit gelbem, manchmal rosa angehauchtem Herz. Als Salz-, Pell- und Salatkartoffel geeignet: gut-cremiger Geschmack. Mittelfrüh.

Skerry Blue
Späte Sorte aus Irland von 1846! In den kugeligen, blauschaligen Knollen mit den interessanten, tiefliegenden Augen verbirgt sich hellgelbes Fleisch. Guter, kräftiger Kartoffelgeschmack für Salate, Pellkartoffeln und andere Köstlichkeiten.

Vitelotte
Absolute Feinschmeckersorte, als «Trüffelkartoffel» bekannt! Ursprünglich aus Südamerika. Kurztagspflanze, die bei uns spät reift und Wasser braucht. In Südfrankreich um 1830 eingeführt. Dunkelblauviolette, eingekerbte, charakteristisch langovale Kartoffel mit blauweiß-marmoriertem Fleisch. Kräftig-erdiges Uraroma. Gut lagerbar.

Kochtyp B (vorwiegend festkochend)

Blauer Schwede
Kartoffel des Jahres 2006, auch «Blue Congo» genannt. Herkunft und Alter unbekannt. Dank blauer Schale und tiefblauem Fleisch lassen sich herrliche, blaue Pommes mit kräftigem Kartoffelgeschmack zaubern! Gekocht verführen die rund-ovalen Knollen zu Kreationen wie hellblauem Kartoffelsalat, Gnocchi, Püree … Mittelfrühe Sorte.

King Edward

Spitzensorte aus Großbritannien von 1902. Schale hellockerfarben, innen cremeweiß. Schöne, ovale Form. Hervorragend in Geschmack und Qualität. Rote Blüten. Ernte mittel bis spät.

La Bonnotte

Die Königin der französischen Kartoffeln von der Insel Noirmoutier. Alter unbekannt. Auffallend tiefliegende Augen bei gelber Schale. Zeichnet sich durch besonders feinen Geschmack aus. Erstklassige gelbe Pell-, Salz- und Salatkartoffel. Mittelfrüh.

Mandelkartoffel

Relativ kleine, schlanke Edelkartoffel mit gelber Schale. Die Form erinnert an Mandeln. In Lappland, wo sie 1940 erstmals kultiviert wurde, wird sie «Puikula» genannt. Besticht durch ihr gelbes Fleisch, das einen buttrig-cremigen, sehr angenehmen Geschmack hat – bekannte Delikatesse als Salz- oder Pellkartoffel. Mittelspät.

Blue Salad Potato

Aus Schottland – Alter unbekannt. Auffallend blauschalige, runde Kartoffeln mit lila Fleisch. Erinnern noch an ihre blauen Urahnen aus Peru. Wie alle alten Sorten tut sich auch diese mit ausnehmend gutem Kartoffelgeschmack hervor und bietet sich für eine ganze Palette farbenfroher Gerichte an. Mittelfrüh.

La Ratte

In Frankreich erstmals 1872 erwähnt. Dort wird sie auch «Asperges», dt. «Spargelkartoffel» genannt – eine Anspielung auf ihre schlanke Gestalt, die bananenartig gebogen ist. Eine ausnehmend gute, gelbschalige und gelbfleischige Salat- oder Pellkartoffel von ansprechender Größe. In der Kräuter-Öl-Pfanne kommt ihr speckiges Aroma am besten zur Geltung! Mittelfrüh.

Naglerner Kipfler

Feinschmeckende, österreichische Sorte von 1956. Hellgelbe Hörnchen mit glatter Schale, flachen Augen und gelbem Fleisch. Mittelfrüh.

Herrmann's Blaue

Eine alte deutsche Landsorte unbekannten Alters vom blauen Farbtyp. Schöne, große, rund-ovale Knollen und gutes, kräftig-würziges Kartoffelaroma zum Kochen und Backen in Blau – der Phantasie sind keine Grenzen gesetzt!

Shetland Black
Aus dem 18. Jahrhundert von den Shetland Inseln – somit robust und auffallend kältetolerant! Diese mit ihrer blauschwarzen Schale an Kohlenstücke erinnernde Knolle besticht neben dem guten, cremigen Geschmack auch durch eine optische Raffinesse: in Scheiben geschnitten zeigt sie einen violetten Ring im hellgelben Fleisch. Mittelfrüh.

Highland Burgundy Red
Eine echte Rarität!!! Nicht nur die Schale dieser aus England (vor 1920) stammenden, rundlich bis ovalen Sorte ist rot, sondern auch das Innenleben – ideal für ultimative rote Chips, Pommes, roséfarbenen Kartoffelbrei, pink Gratin... Mittelfrüh.

Red Duke of York (Rode Erstling)
Sehr frühe Kartoffel aus Schottland von 1942. Die rotschaligen, rund-ovalen Knollen mit dem gelben Fleisch sind relativ mehlig und haben ein gutes, cremiges Aroma – eine gute Grundlage für feine Pürees oder Salzkartoffeln und dergleichen.

Kochtyp C (mehlig kochend)

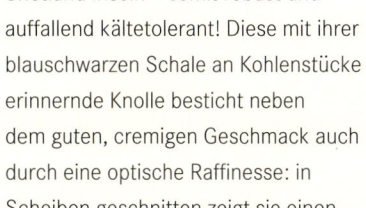

Mehlige Mühlviertler
Alte Sorte aus Österreich; genaues Alter unbekannt ist. Die runden, gelbschaligen Knollen sind innen gelb und haben noch das gute, kartoffeltypische, kräftig-cremige Aroma. Die mehlige Konsistenz lädt ein zu Gratin, Püree, zu Backkartoffeln und vielem mehr. Mittelspät.

Ackersegen
Gelbschalige, runde deutsche Sorte aus dem Jahr 1929. Mehlig-gelb, von ansehnlicher Größe. Sehr gutes, buttriges Aroma – prädestiniert für Pürees und alle Gerichte aus dem Backofen. Mittelspät.

1 Rotschalige
  Süßkartoffeln
2 Braunschalige
  Süßkartoffeln

Eine Kartoffel, die keine ist

Die Süßkartoffel, botanisch Ipomoea batatas, wird gleich verwendet wie die Kartoffel. Sie ist mit ihr aber nicht verwandt: Die Pflanze zählt zu den Windengewächsen und schlingt sich um jeden Halm, den sie auf dem Acker ergattern kann – oder sogar um ihre eigenen Triebe.

Die auch Bataten genannten spindelförmigen Knollen sind reich an Kohlenhydraten und Provitamin A. Weltweit am häufigsten angebaut werden Sorten mit roter bis violetter Schale und weißem Fleisch. Daneben gibt es auch Süßkartoffeln mit gelb- und lachsfarbenem Fleisch.

Beheimatet ist das Windengewächs in Mittel- und Südamerika. Das Wort «Batata» (Patata) stammt aus der Eingeborenensprache von Haiti und ist in der spanischen und italienischen Sprache erhalten geblieben – allerdings für die Kartoffel (englisch «potato»).

Die Süßkartoffeln sind im Angebot von Supermärkten meist ganzjährig, aber zu einem im Vergleich zu Kartoffeln stolzen Preis. Die Knollen lassen sich als Zimmer- oder Kübelpflanze ziehen, an einem sonnigen, geschützten Ort auch zur einjährigen Begrünung von Pergolen und Klettergerüsten. Geerntet werden müssen sie im September, weil das tropische Gewächs bei Lufttemperaturen unter 10 °C «erfriert».

Für die Bewurzelung stellt man die Süßkartoffel in ein Glas Wasser. Damit nur das untere Drittel im Wasser steht und die Knolle Halt findet, steckt man seitlich drei Zahnstocher so ein, dass sie auf dem Gefäßrand aufliegen. Wichtig für die Wurzelbildung sind Zimmertemperatur und ein heller Platz.

Wenn sich Wurzeln gebildet haben und die Knolle auszutreiben beginnt, pflanzt man sie in nahrhafte Erde. Das obere Drittel mit den bereits ausgetriebenen Augen sollte aus der Erde ragen. Die bis 3 m langen Ranken mit dem attraktiven Blattschmuck können an einem Klettergerüst nach oben geleitet werden oder als Ampelpflanze herabhängen.

Im Herbst sterben die Triebe ab. Sind die Töpfe genug groß, so haben sich bis dahin Tochterknollen gebildet, die in der Küche Verwendung finden.

Kartoffeln sind rundum gesund

Mit steigendem Wohlstand sinkt der Kartoffelkonsum. Doch dieses Schicksal hat die Kartoffel überhaupt nicht verdient! Erstens ist sie nach wie vor ein äußerst preiswertes Lebensmittel. Zweitens enthält sie eine geballte Ladung gesunder Nährstoffe, und diese darüber hinaus in einer idealen Zusammensetzung und kompakt verpackt.

Zu rund einem Fünftel bestehen Kartoffeln aus leicht verdaulicher Stärke, die ausgesprochen sättigend wirkt. Dennoch sind sie eine bewährte Schlankheitskost: Noch nicht schalenfeste Frühkartoffeln enthalten gerade einmal 50 Kilokalorien je 100 Gramm.

Ausgereifte Kartoffeln enthalten je nach Sorte 70 bis 80 Kalorien pro 100 Gramm (zum Vergleich: gekochter Reis enthält 87 Kalorien, gekochte Nudeln 94 Kalorien).

«Frühlingsgrüne Buchenwälder –

ei, die sind wohl jedem recht;

blühende Kartoffelfelder

find' ich aber auch nicht schlecht.

Wie sie wallen in die Ferne

mit dem dunkelgrünen Kraut,

drüber weiß' und lila Sterne –

Schöneres hab' ich nie geschaut.»

H. Seidel

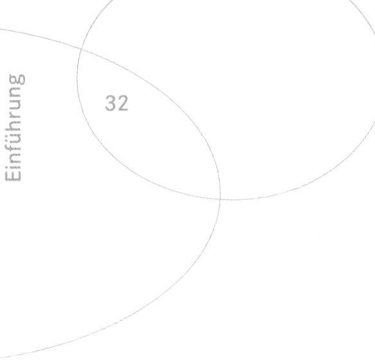

Die Inhaltsstoffe

Fett ist in der Kartoffel nur in Spuren nachweisbar. Stattdessen enthalten sie ein sehr hochwertiges Eiweiß, das unter den pflanzlichen Produkten nach demjenigen von Soja an zweiter Stelle steht. Die biologische Wertigkeit lässt sich steigern, wenn man die Kartoffeln mit Milchprodukten wie Quark oder Käse kombiniert.

Bemerkenswert ist der Gehalt an Vitamin C: Mit rund 500 g Kartoffeln kann man – schonende Zubereitung vorausgesetzt – die von Wissenschaftlern empfohlene Tagesmenge von 100 Milligramm Vitamin C decken! Kartoffeln enthalten zudem weitere Vitamine, etwa A und solche der B-Gruppe.

Beachtlich ist auch der Gehalt an Mineralstoffen und Spurenelementen, welche für die menschliche Gesundheit unentbehrlich sind. Dazu zählen Kalium, Magnesium, Kalzium, Eisen, Jod und Fluor.

«Solang wir die Kartoffelfrucht

in unserem Lande sehen,

kann keine große Hungersnot aus

Misswachs mehr entstehen.

Gott hat sie wie das liebe Brot

zur Nahrung uns gegeben,

wie viel Millionen Menschen sind,

die von Kartoffeln leben.»

Verse aus «Des biedren F. Sauters',

Kartoffelgedicht'»

100 Gramm essbarer Anteil der Kartoffel enthalten durchschnittlich:

0,2 g Fett
0,8 g Cellulose (Balaststoffe)
1,0 g Mineralstoffe, Spurenelemente, Vitamine
2,0 g Eiweiß

19,0 g Kohlehydrate

77, 0 g Wasser

Die wichtigsten Vitamine

Vor allem Vitamin C (mit rund 200 g Kartoffeln decken wir den Tagesbedarf fast zur Hälfte) sowie A, B_1, B_2 und B_6.

Mineralstoffe und Spurenelemente:

Natrium, Kalzium, Kupfer, Kalium (mit 445 mg/100 g eines der kaliumreichsten Nahrungsmittel), Mangan, Fluor, Magnesium, Eisen und Jod.

70 kcal/308 kJ

Kartoffeln in Kochvarianten

Die ersten einheimischen Kartoffeln aus neuer Ernte kommen Mitte Mai als «Frühkartoffeln» auf den Markt, von allen sehnsüchtig erwartet, denn frisch aus der Erde sind sie eine Delikatesse.

Einheimische Frühkartoffeln werden geerntet, bevor die Schale fest und ausgereift ist. Das Schälen kann man sich hier ersparen. Frühkartoffeln sind aus diesem Grund auch nicht lagerbar, sondern für den sofortigen Verbrauch bestimmt. Man kann sie ein paar Tage aufbewahren, sollte sie aber nicht in den Kühlschrank legen! Denn bei Temperaturen unter 4 °C verwandelt sich die Stärke in Zucker; in der Folge schmecken die Kartoffeln unangenehm süß.

Die Knollen sind vor Licht zu schützen, ansonsten verfärben sie sich grün. Ein guter Ort zum Aufbewahren (ohne Folienverpackung) ist ein Steingut- oder Tontopf, den man an einen kühlen Ort stellt.

Frühkartoffeln sind ideal für Schalenkartoffeln (Pellkartoffeln), Bratkartoffeln und Kartoffelsalat. Für Rezepte aus Kartoffelteig (Gnocchi/Klößchen), Kartoffelpüree, Gratins und Rösti sind sie ungeeignet.

An ihren Eigenschaften sollt ihr sie erkennen

Im September beginnt die Haupternte. Über ein Dutzend Kartoffelsorten stehen zur Auswahl. Sie unterscheiden sich in Geschmack, Kocheigenschaften und Lagerfähigkeit. Deshalb gelangen die einzelnen Sorten ab Herbst bis zur neuen Ernte gestaffelt in den Verkauf.

Damit sich der Konsument nicht mit den verschiedenen Sorten auseinandersetzen muss, werden die Kartoffeln entsprechend ihren spezifischen Eigenschaften in Kochtypen eingeteilt und in verschiedenfarbigen Beuteln verkauft.

Kochtyp A: fest kochend

Das Fleisch zerfällt auch bei längerem Kochen nicht. Es ist feucht, glatt und schnittfest, der Stärkegehalt ist niedrig.

Ideal für Kartoffelsalat, im Dampf gegarte Kartoffeln (Salzkartoffeln), Pellkartoffeln (Schalenkartoffeln)
Gut für Bratkartoffeln (aus rohen Kartoffeln), Kartoffelsuppe
Bedingt geeignet für Rösti, Kartoffelgratin, Saucenkartoffeln
Nicht geeignet für Pommes frites, Kartoffelpüree/-brei, Baked Potatoes, Gerichte aus Kartoffelteig wie Gnocchi

Kochtyp B: vorwiegend fest kochend

Die Schale springt beim Kochen gerne auf, das Fleisch bleibt aber im allgemeinen fest. Die Knolle ist schwach mehlig und hat einen geringen bis mittleren Stärkegehalt.

Ideal für Rösti und Bratkartoffeln
Gut für Pellkartoffeln (Schalenkartoffeln), im Dampf gegarte Kartoffeln (Salzkartoffeln), Kartoffelsalat, Kartoffelsuppe
Bedingt geeignet für Pommes frites, Kartoffelpüree/-brei, Gerichte aus Kartoffelteig wie Gnocchi

Kochtyp C: mehlig kochend

Die Kartoffel springt beim Kochen stark auf, das Fleisch ist mehlig, ziemlich trocken, grobkörnig und locker. Die Knolle hat einen mittleren bis hohen Stärkegehalt.

Ideal für Pommes frites, Kartoffelpüree/-brei, Baked Potatoes und Gerichte aus Kartoffelteig wie Gnocchi
Gut für Kartoffelgratin, Saucenkartoffeln, Bratkartoffeln (aus rohen Kartoffeln), Kartoffelsuppe
Bedingt geeignet für Kartoffelsalat, Pellkartoffeln (Schalenkartoffeln), im Dampf gegarte Kartoffeln (Salzkartoffeln), Rösti

Trotz Zuordnung der Kartoffeln zu Kochtypen bleiben die Grenzen fließend, denn die Kocheigenschaften werden auch vom Klima, von den Wetterbedingungen während des Wachsens und von der Bodenart (z. B. sandige oder lehmige Böden) beeinflusst. Idealerweise hat man stets eine fest kochende und eine mehlig kochende Kartoffelsorte im Vorrat. Die Konsumenten favorisieren klar die fest kochenden Knollen, nicht zuletzt weil sie bei der Zubereitung weniger Fett aufnehmen als mehligere Sorten.

Bewegung im Kartoffelmarkt

Während Jahrzehnten war die 1935 in Holland gezüchtete Bintje «die eine für alles». Gekauft wird sie noch immer, meist aber aus Gewohnheit und nicht aus Vorliebe. Immerhin haben in den letzten Jahren einige Neuzüchtungen den Markt erobert.

Zu Beginn des 20. Jahrhunderts wurde in Deutschland systematisch die Zucht neuer Kartoffelsorten betrieben mit dem Ziel, widerstandsfähige Sorten zu züchten, die gegen die Kartoffelfäule immun waren. Kartz von Kameke-Streckenthin machte sich auf seinem Gut in Hinterpommern einen Namen mit der Neuzüchtung «Parnassia», die einen besonders hohen Stärkegehalt aufwies. Im so genannten «Steckrübenwinter» während des Ersten Weltkriegs, als andere Sorten ein Opfer der Kartoffelfäule geworden waren, bewahrte diese Kartoffelsorte viele Menschen in Deutschland buchstäblich vor dem Verhungern. Hinterpommern war ein Zentrum der Kartoffelzucht geworden.

Heute leistet Karsten Ellenberg auf seinem Biolandhof in Barum wertvolle züchterische Arbeit nach klassischen Zuchtmethoden mittels Auslesezüchtung von Hand und hat damit beachtliche Erfolge erzielt. Er kultiviert vergessene Kartoffelsorten ebenso wie Wildkartoffeln und selektiert die Kreuzungen daraus nach Wuchs, Form, Farbe, Geschmack und Bodenansprüchen. Seine erste Hofsorte «Emma» aus dem Jahr 2000 bekam im Jahre 2004 farbige Geschwister wie die «Rote Emma», die blaue «Olivia» und die schöne «Rosamunde». Damit beweist er, dass man ganz ohne Gentechnik die wunderbare Aromen- und Farbenvielfalt der alten Sorten mit den hohen Qualitätsansprüchen von heute vereinen kann.

Die Einteilung der Kartoffeln in verschiedene Kochtypen erleichtert nicht nur den Einkauf, sondern auch die Einführung neuer Sorten. In den ersten Jahren werden diese in der Regel nur in beschränkten Mengen angeboten.

Bequem, haltbar und vielseitig

Wie alle Naturprodukte gehen auch Kartoffeln verhältnismässig schnell den Weg des Irdischen. Der Versuch, sie haltbar zu machen und als Vorrat zu konservieren, beschäftigt die Menschen seit den Anfängen des Kartoffelanbaus. So hatten die Inkas schon vor der Ankunft der Spanier eine Trockenkonserve entwickelt, die man in Südamerika als «Chuño» kennt.

Die Europäer hatten bis ins 19. Jahrhundert Schwierigkeiten, die Knollen einigermassen unversehrt über den Winter zu bringen. Und ist auch nur eine Kartoffel angefault, infiziert sie schnell einmal die daneben liegenden. Zudem beginnt sich «Solanum tuberosum», wie Botaniker das Nachtschattengewächs nennen, bald nach der Ernte auf Nachwuchs vorzubereiten: Die Knollen beginnen zu keimen und damit zu schrumpfen.

Optimale Lagerbedingungen

Kühle Temperaturen (4–8 °C) verzögern das Keimen der Kartoffeln wesentlich. Damit sie nicht schrumpfen, darf die Luftfeuchtigkeit aber nicht unter 85 % sinken; ideal sind 95 % relative Luftfeuchtigkeit.

Weitere Voraussetzungen sind Dunkelheit und genügend Luftzufuhr. Zudem muss das Naturprodukt mit Sorgfalt behandelt werden; Verletzungen und Druckstellen führen zum Verderb. Erdrückstände tragen zur Haltbarkeit der Knolle bei. Gewaschene Kartoffeln können nur kurz aufbewahrt werden.

Den hohen Ansprüchen an die Lagerbedingungen musste man sich in den Anfängen der europäischen Kartoffelkultur erst bewusst werden. In strengen Wintern sind jeweils die ganzen Vorräte erfroren.

Experimente mit der Aufbewahrung

Selbst dann versuchte man zu retten, was zu retten war. Während der schweren Hungerkrise von 1816/17 liess die Naturforschende Gesellschaft Zürich eine «Anleitung zum Aufbewahren der Erdäpfel und zur Benutzung derselben durch das Dörren» drucken. Sie enthielt auch Tipps zur Verwertung erfrorener Knollen:

Zum einen könne man die erfrorenen Knollen in kaltem Wasser auftauen, dann in gesalzenem Wasser kochen und in kleine Scheiben geschnitten im Backofen dörren.

Die zweite Möglichkeit: Knollen an der Luft auftauen und sie anschliessend in einer Mühle zu Mehl verarbeiten.

In den frühen 70er Jahren des 18. Jahrhunderts häuften sich in Europa Schriften und Korrespondenzen der einzelnen Akademien mit Vorschlägen, wie Kartoffeln in verschiedensten Formen haltbar gemacht werden könnten. So gab es Versuche, aus erfrorenen Knollen Bier zu brauen. Aus dem Brandenburgischen stammte ein Rezept für die Zubereitung von Kartoffelkäse. Es gab es Experimente, aus den Knollen Stärke, Kleister oder Seife herzustellen, ja sogar aus Kraut und Schalen Papier zu schöpfen.

1787 berichtete das Journal de Paris über Versuche, aus Kartoffelmehl Haarpuder für Perücken zu produzieren. Der Puder sei jedoch zu schwer geworden; er habe nicht an den Haaren gehaftet und sei wie Schuppen auf die Kleider gefallen.

Die Stärke der Kartoffel

Der Zürcher Wochenkalender aus dem Jahre 1772 weist darauf hin, dass mit Kartoffelstärke Kleider gereinigt werden können. Damals begann die Stärke der Knollenfrucht eine immer wichtigere Rolle zu spielen. Die Pionierarbeiten führten rund 150 Jahre später zur industriellen Verwertung der Kartoffel als reine Stärkelieferantin.

Kartoffelstärke – Amylum solani – dient längst nicht nur der Lebensmittelindustrie, sie wird auch in der Papier- und Textilbranche eingesetzt. Pharmazeutisch wird sie als Puderzusatz und als stark aufquellendes Tabletten-«Sprengmittel» eingesetzt. Heute landen bereits rund ein Drittel der in Deutschland angebauten Kartoffeln in der Stärkeerzeugung. Als nachwachsender Rohstoff macht die gute alte Knolle aus den Hochanden Südamerikas eine neue Karriere: Plastiksersatz aus Kartoffelstärke ist bereits Realität.

«Gen Süden zieh'n nun Storch und Star,

wir ziehen auch als Wanderschar

mit Hacke, Korb und Spaten.

Verschlossen liegen Hof und Haus,

heut graben wir Kartoffeln aus,

und die sind gut geraten.

Die Furchen lang mit hack und hack,

erst in den Korb, dann in den Sack,

das Schütteln nicht vergessen.

Das ganze Feld in einem Zug,

der Winter dauert lang genug,

dann haben wir zu essen.

Und mit dem dürren Kraute dann,

da zünden wir ein Feuer an,

Kartoffeln drin zu rösten.

Die Schale schwarz,

das andre weiß,

gleich aus der Asche glühendheiß,

so schmecken sie am besten.»

Adolf Holst

Pfannenfertige Produkte

Seit einigen Jahrzehnten ändern sich die Essgewohnheiten in stets schnellerem Rhythmus. Nachdem die Kartoffel Mitte des 19. Jahrhunderts die Küche revolutioniert hatte, eroberte sie sich in den letzten Jahren – dank ihrer wertvollen Inhaltsstoffe – auch einen Stammplatz in der gesunden Ernährung.

Je jünger die Menschen sind, desto häufiger bleibt allerdings der Herd kalt. Dies ergaben jedenfalls Studien. Pommes frites, Ofen-Frites und Kartoffelchips in unzähligen Varianten kennt jedes Kind – und auch das Kartoffelpüree aus dem Beutel.

Möglich macht dies die kartoffelveredelnde Industrie. Rund jede zweite Kartoffel kommt denn auch als «Convenience»-Produkt auf den Tisch. Dieses amerikanische Wort bezeichnet bequeme Lebensmittel für den schnellen Genuss: geschält, geputzt, zerkleinert, tiefgekühlt, mikrowellentauglich, zum Anrühren oder Aufbacken.

Für die industrielle Verarbeitung müssen produktespezifische Kriterien beachtet werden. Entscheidend ist unter anderem der Stärkegehalt der Knollen. So werden die verschiedenen Sorten ganz gezielt eingesetzt.

Es gibt Kartoffelsorten, die nur für die industrielle Verarbeitung angebaut werden. Das Motto «Die richtige Sorte für den richtigen Zweck» hat hier absolute Priorität. Ein Beispiel: Die gezielte Wahl der Sorte ermöglicht – gemeinsam mit modernsten Produktionsverfahren – die Herstellung fettarmer Chips, die geschmacklich kaum von der ölhaltigeren Variante zu unterscheiden sind.

Ob jemand «Convenience»-Produkte zubereiten will oder nicht, muss er selbst entscheiden. Dass diese Bequemlichkeit ihren Preis hat, versteht sich von selbst. Tatsache ist, dass in vielen Restaurants und Verpflegungsstätten vorfabrizierte Lebensmittel eine wichtige Rolle spielen.

Schonendes Kochen und Garen

Seit Generationen werden Kartoffeln und Gemüse in Wasser «schwimmend» gekocht. Dabei gehen wertvolle Nährstoffe und Vitamine verloren, insbesondere das wasserlösliche Vitamin C und Vitamine der B-Gruppe, die in der Kartoffel reichlich vorhanden sind.

Um das Ausschwemmen von Vitaminen und Nährstoffen zu vermeiden, ist das Garen im Dampf dem Kochen in Wasser vorzuziehen.

Das Kochen von Speisen im aufsteigenden Dampf ist die schonendste Garmethode. Im Zuge einer gesundheitsbewussten Küche stehen «Steamer», also Dampfgargeräte, hoch im Kurs.

Tipps für die Zubereitung

Für das Garen von Kartoffeln ist ein Kochtopf mit Siebeinsatz oder ein Dampfkochtopf ideal. Es gilt, nur so viel Wasser einzufüllen, dass die Kartoffeln damit nicht in Berührung kommen.

Es gibt auch Siebaufsätze in verschiedenen Größen, die perfekt auf Kochtöpfe passen: Im unteren Teil kocht das Wasser. Die Speisen kommen in den Aufsatz und werden im aufsteigenden Dampf schonend gegart. Da es zu keinem Wasserkontakt kommt, bleiben Geschmack, Vitamine, Spurenelemente und Mineralsalze weitgehend erhalten.

Gekochte Kartoffeln, mit und ohne Schale – und egal, ob sie sofort gegessen oder weiterverarbeitet werden – stets «ausdampfen» lassen. Kartoffeln kurz im heißen Topf (ohne Deckel) liegen lassen.

Für Schalenkartoffeln (Pellkartoffeln) sollten die Knollen etwa gleich groß sein, damit sie zur gleichen Zeit gar sind. Wenn nicht, größere Exemplare mit einer Gabel rundum mehrmals einstechen.

«Schön rötlich die Kartoffeln sind,

und weiß wie Alabaster!

Sie däu'n* sich lieblich und

geschwind,

und sind für Mann und Weib und

Kind ein rechtes Magenpflaster.»

Matthias Claudius

*verdauen

So kann ein Vitaminverlust vermieden werden:

- Ob Kartoffeln, Gemüse, Salat oder Früchte: erst kurz vor der Zubereitung schälen/putzen. Jeden unnötigen Wasserkontakt meiden, denn dabei werden Vitamine und Nährstoffe ausgeschwemmt. Nicht im Wasser liegen lassen!
- Die Pfannen und Töpfe jeweils mit einem Deckel verschließen, das spart Energie, verkürzt die Kochzeit und die Aromen bleiben optimal erhalten.
- Langes Warmhalten von Gerichten vermeiden, denn dabei sinkt der Nährstoffgehalt rasch. Portionen für «Nachzügler» deshalb sofort auskühlen lassen und kurz vor dem Verzehr erneut aufwärmen.

Aus der Salatschüssel

Zweifarbiger Kartoffelsalat in grüner Begleitung 42

Römischer Salat mit Tomaten-Pinienkern-Vinaigrette 44

Kartoffelsalat «traditionell» 44

Kartoffel-Fisch-Salat im südlichen Kleid 46

Kopfsalatherz auf Kartoffel-Apfel-Vinaigrette 47

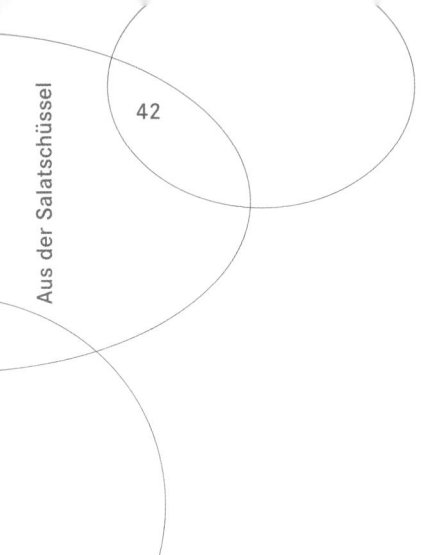
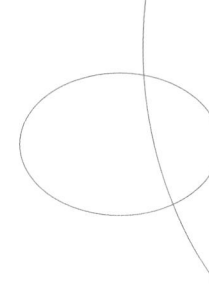

Aus der Salatschüssel

Zweifarbiger Kartoffelsalat
in grüner Begleitung

Mahlzeit für 2 Personen
Vorspeise für 4 Personen

200 g Frühkartoffeln
200 g blaue Frühkartoffeln
2 EL Olivenöl extra nativ
2 kleine junge Artischocken
2 EL Olivenöl extra nativ
2 Handvoll junge Spinatblätter
4 Kressesträußchen

100 g eingelegte Kapern
 (Salzwasser)
2 EL Olivenöl extra nativ

 Vinaigrette
2 EL Sherryessig
4 El Baumnussöl/Walnussöl
2 EL heißes Salzwasser
Kräutermeersalz
frisch gemahlener schwarzer Pfeffer
5 entsteinte schwarze Oliven
1 grüner Peperoncino/Pfefferschote

1) Die Kapern mit kaltem Wasser abspülen, auf Haushaltpapier trocknen lassen. Kapern im Olivenöl knusprig braten, auf Haushaltpapier abtropfen lassen.

2) Artischockenstiel abschneiden, großzügig schälen und in Scheiben schneiden. Die äußeren zähen Hüllblätter der Artischocken entfernen. Blütenknospen in feine Scheiben schneiden, mit den Artischockenscheiben im Olivenöl kurz braten. Noch warm mit Kräutersalz würzen, auskühlen lassen.

3) Für die Vinaigrette Sherryessig, Nussöl sowie heißes Salzwasser mit dem Stabmixer sämig rühren, würzen. Oliven und Peperoncino in feine Ringe schneiden, zufügen.

4) Die Kartoffeln in der Schale im Dampf weich garen (Seite 38), noch heiß schälen und in 5 mm dicke Scheiben schneiden, einlagig auf flache Teller legen, mit der Hälfte der Vinaigrette beträufeln, etwa 15 Minuten marinieren.

5) Die gewaschenen und trocken geschleuderten Spinatblätter kreisförmig auf Teller legen. Mit den Kartoffelscheiben ebenfalls einen Kreis bilden. Ring mit gebratenen Artischocken füllen, garnieren mit Kressesträußchen und Kapern. Die restliche Vinaigrette darüberträufeln.

Tipp
Mit frisch gebackenen Grissini servieren.

Variante
Die Frühkartoffeln durch Mini-Stellas ersetzen. Man findet sie am ehesten bei einem Bio-Gemüsebauern.

Römischer Salat

mit Tomaten-Pinienkern-Vinaigrette

Vorspeise für 4 Personen

8 kleine Frühkartoffeln
4 kleine Köpfe Römischer Salat/Lattich
Kräutermeersalz

   Vinaigrette
4 getrocknete Tomaten
2 EL Pinienkerne, geröstet
4 El Apfelbalsam
6 EL Olivenöl extra nativ
Kräutermeersalz
frisch gemahlener Pfeffer

1) Die Kartoffeln in der Schale im Dampf weich garen, warm stellen.
2) Die äußeren Blätter vom Römischen Salat in feine Streifen schneiden, die Salatherzen längs halbieren. Die noch warmen Kartoffeln mit Schale in dünne Scheiben schneiden, mit Kräutersalz wenig würzen.
3) Für die Vinaigrette die getrockneten Tomaten in Streifen schneiden, mit restlichen Zutaten mischen.
4) Die Kartoffelscheiben auf Teller verteilen. Mit dem festen Teil der Vinaigrette marinieren. Den Römischen Salat dazulegen, mit der restlichen Vinaigrette beträufeln.

Abbildung

Kartoffelsalat «traditionell»

Beilage für 4 Personen

500 g fest kochende Kartoffeln
1 dl/100 ml Gemüsebrühe
1 mittelgroße Zwiebel, fein gewürfelt
1 EL grobkörniger Senf
3 EL kalt gepresstes Sonnenblumenöl
1 EL Obstessig
Meersalz
frisch gemahlener schwarzer Pfeffer
1 Bund Schnittlauch

1) Die Kartoffeln in der Schale im Dampf weich garen (Seite 38), noch heiß schälen und in etwa 3 mm dicke Scheiben schneiden, in eine Schüssel legen.
2) Die Gemüsebrühe aufkochen, von der Wärmequelle nehmen. Zwiebeln, grobkörnigen Senf, Sonnenblumenöl und Obstessig unterrühren, mit Salz und schwarzem Pfeffer würzen.
3) Die Sauce über die Kartoffeln verteilen, durch Bewegen der Schüssel oder durch Umfüllen in eine zweite Schüssel (alle 5 Minuten) Kartoffeln immer wieder mit der Sauce mischen. 30 Minuten oder auch länger zugedeckt stehen lassen.
4) Den Kartoffelsalat nach Belieben nachwürzen. Mit fein geschnittenem Schnittlauch bestreuen.

Aus der Salatschüssel

Kartoffel-Fisch-Salat
im südlichen Kleid

Mahlzeit für 4 Personen

500 g gesalzener Stockfisch
   vom Mittelstück
1 Zitrone, Saft
1 EL Rotweinessig
4 EL Olivenöl extra nativ oder
   Limonenöl
frisch gemahlener schwarzer Pfeffer

½ Catalogna
1 EL Olivenöl extra nativ
Meersalz
frisch gemahlener schwarzer Pfeffer
200 g vorwiegend fest kochende
   Kartoffeln
200 g Fleischtomaten
2 Knoblauchzehen,
   in feinen Scheiben
1 dl / 100 ml Tomatensaft
100 g entsteinte schwarze Oliven
feines Meersalz

2 mittelgroße rote Zwiebeln
   für die Garnitur
2 rote Peperoncini/Pfefferschoten
   für die Garnitur

1) Den Stockfisch 24 Stunden in kaltem Wasser einlegen, das Wasser 2 bis 3 Mal wechseln. Den Fisch mit kaltem Wasser abspülen. Einen Liter Wasser erhitzen, den Stockfisch hineinlegen, bei schwacher Hitze 20 Minuten zugedeckt pochieren. Aus dem Topf nehmen und etwas abkühlen lassen. Fisch von Haut und Gräten befreien und in Streifen zerpflücken, mit Zitronensaft, Rotweinessig, Olivenöl oder Limonenöl und schwarzem Pfeffer marinieren.

2) Die Kartoffeln in der Schale im Dampf weich garen (Seite 38), noch heiß schälen und in 5 mm dicke Scheiben schneiden, mit dem Stockfisch vermengen.

3) Catalogna in Streifen schneiden, im Salzwasser blanchieren, abgießen, mit Olivenöl, Salz und Pfeffer marinieren.

4) Bei den Tomaten den Stielansatz ausstechen, Gemüsefrüchte vierteln und entkernen. Gallertartige Massse mit Kernen, Knoblauch und Tomatensaft auf die Hälfte einkochen lassen. Oliven zufügen, mit Salz abschmecken. Tomatensauce und Tomatenviertel mit dem Stockfisch-Kartoffel-Gemisch vermengen. Kurz vor dem Servieren Catalogna untermischen.

5) Den Kartoffel-Fisch-Salat in tiefen Tellern anrichten. Mit Zwiebel- und Peperonciniringen garnieren.

Zum Rezept

Dieses feine mediterrane Rezept hat E. Manuel Mendes kreiert.

Kopfsalatherz
auf Kartoffel-Apfel-Vinaigrette

Vorspeise für 4 Personen

1 großer, fester Kopfsalat

Vinaigrette
1 dl / 100 ml Apfelsaft
100 g fest kochende Kartoffelwürfelchen
2 EL Baumnuss-/Walnussöl
1 EL Apfelessig
Kräutermeersalz
frisch gemahlener schwarzer Pfeffer
1 säuerlicher Apfel,
   z. B. Glockenapfel
1 EL fein geschnittener weißer Lauch
½ fein geschnittener roter
   Peperoncino/Pfefferschote

2 EL geröstete Kürbiskerne
Kerbel und Schnittlauch

1) Kartoffelwürfelchen im Apfelsaft weich garen, abgießen, Saft auffangen.
2) Den Apfelsaft bei starker Hitze auf einen Viertel einkochen lassen.
3) Die losen Kopfsalatblätter (anderweitig verwenden) ablösen, bis nur noch das feste Herzstück übrig bleibt. Herzstück längs vierteln, waschen und zum Trocknen auf ein Küchentuch legen.
4) Den Apfel schälen, vierteln und entkernen, die Fruchtviertel klein würfeln.
5) Apfelsaftreduktion, Nussöl und Apfelessig verquirlen, würzen mit Kräutersalz und Pfeffer. Kartoffel- und Apfelwürfelchen, Lauch und Peperoncino zufügen, 10 Minuten marinieren.
6) Die Hälfte der Vinaigrette auf Teller verteilen. Die Kopfsalatherzen darauf legen und mit der restlichen Vinaigrette beträufeln. Mit Kürbiskernen und Kräutern garnieren.

Suppen und Eintöpfe

Kartoffel-Gewürz-Cremesuppe 50

Tomaten-Kartoffel-Suppe 52

Kalte Kartoffel-Lauch-Suppe 52

Zweifarbige Kartoffelcremesuppe 53

Mexikanische Kartoffelsuppe 54

Pot au Feu mit Kartoffeln und Miesmuscheln 56

Asiatische Kartoffel-Apfel-Suppe 58

Kartoffeln, asiatische Art 59

Frühkartoffeln mit säuerlicher weißer Sauce 59

Kartoffeln mit buntem Wintergemüse 60

Estragon-Kartoffeln in weißer Sauce 61

Kartoffel-Dörrapfel-Eintopf 62

Tandoori-Kartoffelspalten mit Sommergemüse 64

Kartoffel-Gewürz-Cremesuppe

Vorspeise für 4 Personen

400 g mehlig kochende Kartoffeln
1 mittelgroße Zwiebel
50 g fein geschnittener Lauch
8 dl/800 ml Gemüse- oder
   Geflügelbrühe
½ Zitronengrasstängel
wenig geschälter frischer Ingwer
10 Kreuzkümmelsamen
10 Koriandersamen
5 Fenchelsamen
2 EL Sesamöl
1 dl/100 ml Rahm/Sahne
Kräutermeersalz
frisch gemahlener schwarzer Pfeffer
2 EL gehackte Petersilie und
   Koriander
Kürbiskernöl

1) Die Kartoffeln schälen und klein würfeln. Die Zwiebel fein würfeln. Kartoffeln, Zwiebeln und Lauch in der Gemüsebrühe bei mittlerer Hitze weich garen.

2) Zitronengras und Ingwer fein schneiden, mit den Gewürzen und dem Sesamöl im Mörser zerstoßen oder im Cutter zerkleinern. Gewürzmischung zur Suppe geben, nochmals 5 Minuten kochen. Suppe pürieren und durch ein feines Sieb passieren.

3) Die Kartoffel-Gewürz-Suppe mit dem Rahm erhitzen, mit Kräutersalz und Pfeffer abschmecken. Die gehackten Kräuter unterrühren.

4) Die Kartoffel-Gewürz-Cremesuppe anrichten. Mit dem Kürbiskernöl beliebige Konturen «zeichnen/träufeln».

Tomaten-Kartoffel-Suppe

Vorspeise für 4 Personen

1 EL Olivenöl extra nativ
1 mittelgroße Zwiebel, 2 Knoblauchzehen
1 EL Tomatenpüree
1 l Gemüse- oder Geflügelbrühe
350 g mehlig kochende Kartoffeln
8 Dörrtomaten
500 g Fleischtomaten
1 EL zerdrückte schwarze Pfefferkörner
je 1 Zweig grob geschnittenes Basilikum und glattblättrige Petersilie
1 Lorbeerblatt
Kräutermeersalz, schwarzer Pfeffer
30 g Butter

1) Zwiebel fein würfeln. Knoblauchzehen durchpressen. Kartoffeln schälen, klein würfeln. Dörrtomaten in Streifen schneiden. Bei den frischen Tomaten den Stielansatz ausstechen, die Gemüsefrüchte klein schneiden.
2) Zwiebeln und Knoblauch im Olivenöl andünsten, Tomatenpüree mitdünsten, mit Gemüsebrühe ablöschen Kartoffeln, Dörrtomaten, Tomaten, Pfefferkörner, Kräuter und Lorbeerblatt zufügen, 1 Stunde bei mittlerer Hitze kochen. Das Lorbeerblatt entfernen.
3) Die Suppe pürieren, durch ein feines Sieb passieren.
4) Die Tomaten-Kartoffel-Suppe vor dem Servieren nochmals aufkochen und eventuell nachwürzen, mit Butterflocken verfeinern.

Tipp Mit Basilikumpesto servieren.

Kalte Kartoffel-Lauch-Suppe

kleine Mahlzeit für 4 Personen

400 g mehlig kochende Kartoffeln
100 g weißer Lauch
½ unbehandelte Zitrone, Zesten
8 zerdrückte Korianderkörner
6 dl/600 ml Gemüsebrühe
1 Becher (200 g) Naturjogurt
1 reife Avocado
½ Salatgurke
1 rote Chilischote
1 EL geröstete Sonnenblumenkerne
1 Bund Kerbel
1 EL Kürbiskernöl

1) Die Kartoffeln schälen und in kleine Stücke, den Lauch in Streifen schneiden.
2) Kartoffeln, Lauch, Zitronenzesten und Koriander mit der Gemüsebrühe aufkochen, bei mittlerer Hitze kochen, bis die Kartoffeln weich sind. Die Suppe pürieren, durch ein feines Sieb passieren. Abkühlen lassen, dann kühl stellen.
3) Die Kerbelblättchen von den Stielen zupfen. Avocado halbieren, den Stein herauslösen, das Fruchtfleisch mit einem Esslöffel aus der Schale lösen, eine Hälfte klein würfeln. Gurke ebenfalls klein würfeln. Chilischote längs aufschneiden und entkernen, Schotenhälften in Streifchen schneiden. Chilistreifchen, Avocado- und Gurkenwürfelchen mischen.
4) Die gut gekühlte Suppe mit dem Jogurt und der grob zerkleinerten Avocadohälfte mixen, nach Belieben nachwürzen.
5) Die Suppe anrichten, mit Gemüsemix, Sonnenblumenkernen und Kerbel bestreuen, mit dem Kürbiskernöl beträufeln.

Tipp Mit getoastetem Brot servieren.

Zweifarbige Kartoffelcremesuppe

kleine Mahlzeit für 4 Personen

200 g mehlig kochende
   blaue Kartoffeln
200 g mehlig kochende Kartoffeln
1 l Gemüsebrühe
1 große Zwiebel
100 g Champignons
1 mittelgroßer Lauch, nur weiße Teile
Kräutermeersalz
frisch gemahlener schwarzer Pfeffer
½ dl/50 ml Rahm/Sahne
20 g Butterflocken

Einlage
8 eingelegte entsteinte grüne Oliven
   (Salzwasser)
4 Dörrtomaten
2 EL gekochte rote Linsen
1 EL Ricotta
2 EL geriebener Parmesan
1 Bund fein geschnittener
   Schnittlauch
Meersalz
frisch gemahlener schwarzer Pfeffer

Baumnuss-/Walnussöl zum Beträufeln

1) Die beiden Kartoffelsorten schälen und in kleine Stücke schneiden. Die Zwiebel fein würfeln. Die Champignons in Scheiben, den Lauch in Streifen schneiden.

2) Die Gemüsebrühe auf 2 Kochtöpfe verteilen, die beiden Kartoffelsorten, Zwiebeln, Champignons und Lauch auf die beiden Töpfen verteilen, bei mittlerer Hitze kochen, bis die Kartoffeln weich sind. Die Suppen pürieren.

3) Für die Einlage Oliven und Tomaten nicht zu fein hacken. Linsen, Ricotta, Parmesan und Schnittlauch unterrühren, mit Salz und Pfeffer würzen.

4) Beide Suppen aufkochen, die helle mit dem Rahm verfeinern, die blaue mit den Butterflocken, mit Kräutersalz und Pfeffer abschmecken.

5) Von beiden Suppen je einen kleinen Suppenschöpflöffel voll gleichzeitig in die Suppenteller gießen. Die Einlage mit einem Suppenlöffel portionieren, d. h. Klößchen abstechen, in die Mitte setzen. Mit wenig Nussöl beträufeln.

Mexikanische Kartoffelsuppe

kleine Mahlzeit für 4 Personen

1 l kräftige Gemüse- oder
  Geflügelbrühe
1 mittelgroße Zwiebel
2 Knoblauchzehen
4 Fleischtomaten
1 Bund Koriander
200 g Süßkartoffeln
200 g fest kochende Kartoffeln
70 g dicke grüne Bohnen
4 kleine Maiskolben
je 1 rote und grüne Chilischote,
  in Ringen, entkernt
½ grüne, gelbe und rote
  Peperone/Gemüsepaprika
2 EL Maiskeimöl
1 TL grob gemahlener Kreuzkümmel
1 Msp Cayennepfeffer
Kräutermeersalz
frisch gemahlener schwarzer Pfeffer
1 reife Avocado
Koriander für die Garnitur

Tortillaschips

1) Die Zwiebel fein würfeln. Die Knoblauchzehen durchpressen. Bei den Tomaten den Stielansatz ausstechen, Gemüsefrüchte zerkleinern. Vom Koriander einige schöne Blättchen abzupfen und für die Garnitur auf einem feuchten Küchenpapier auf die Seite legen.

2) Gemüsebrühe, Zwiebeln, Knoblauch, Tomaten und Koriander aufkochen, bei schwacher Hitze rund 30 Minuten köcheln lassen, durch ein feines Sieb passieren.

3) Süßkartoffeln und Kartoffeln schälen und in feine Scheiben schneiden. Den Stielansatz der Bohnen abknipsen, quer halbieren. Maiskolben in 4 cm lange Stücke schneiden. Den Stielansatz der Peperoni entfernen, Gemüsefrüchte entkernen und in Quadrate schneiden. Alle Zutaten inklusive Kreuzkümmel und Cayennepfeffer zum Tomatenfond geben, bei schwacher Hitze 20 Minuten köcheln lassen. Mit Kräutersalz und Pfeffer würzen.

4) Avocado halbieren und entsteinen, das Fruchtfleisch herauslösen und in kleine Stücke schneiden.

5) Die Suppe anrichten, Avocados zufügen, mit Koriander garnieren. Mit Tortillaschips servieren.

Pot au Feu
mit Kartoffeln und Miesmuscheln

Mahlzeit für 4 Personen

1 kg frische Miesmuscheln
½ l trockener Weißwein
1 Bund Frühlingszwiebeln
2 Knoblauchzehen
400 g vorwiegend fest kochende Kartoffeln
1 Zucchino
200 g Cherrytomaten
2 EL eingelegte Kapern Salzwasser)
1 Bund glattblättrige Petersilie
8 eingelegte grüne Oliven (in Öl)
frisch gemahlener schwarzer Pfeffer

Basilikum für die Garnitur

Crostini
8 Scheiben Baguette
Olivenöl extra nativ
Knoblauchzehen

1) Muscheln wässern. Einen Kochtopf aufheizen, Muscheln zufügen, Wein angießen, Muscheln bei mittlerer Hitze zugedeckt rund 5 Minuten kochen. Muscheln in ein Sieb abgießen und den Fond auffangen. Den Fond durch ein feines Sieb in den Kochtopf passieren.

2) Die 12 schönsten Muscheln für die Garnitur beiseite legen, restliche Muscheln aus der Schale lösen.

3) Zwiebeln und Knoblauchzehen in Scheiben schneiden. Kartoffeln und Zucchino (Schale aufbewahren) schälen, in 1 cm große Würfelchen schneiden. Cherrytomaten halbieren, Stielansatz entfernen, Tomaten entkernen.

4) Zwiebeln, Knoblauch, Kartoffeln, Zucchini und Tomatenkerne zum Muschelfond geben, bei mittlerer Hitze 20 Minuten kochen.

5) Kapern mit kaltem Wasser abspülen, mit Zucchinischalen, Petersilie und Oliven grob hacken.

6) Kaperngemisch, Tomatenhälften und ausgelöste Muscheln zum Fond geben, aufkochen, mit schwarzem Pfeffer würzen.

7) Baguettescheiben mit Olivenöl beträufeln, mit durchgepresstem Knoblauch einreiben. Im vorgeheizten Backofen auf Grillstufe toasten.

8) Pot au Feu in tiefen Suppentellern anrichten, mit den Muscheln und dem Basilikum garnieren. Crostini separat servieren.

Asiatische Kartoffel-Apfel-Suppe

Vorspeise für 4 Personen

1 EL Erdnussöl
2 Schalotten
2 EL Ingwerwürfelchen
1 Zitronengrasstängel
  (nur das Herz)
2 TL Currymischung
1 TL zerdrückte Koriandersamen
8 dl/800 ml Geflügel- oder
  Gemüsebrühe
300 g fest kochende Kartoffeln
2 säuerliche Äpfel
1¼ dl/125 ml Kokosnussmilch

Einlage
je 1 rote und grüne Chilischote
1 Bund Schnittlauch
½ Bund Koriander
2 EL geröstete, gehackte
  Cashewkerne
1 EL geröstete Sesamsamen
1 Limette, Saft
1 EL Sesamöl

1) Die Schalotten klein würfeln, das Zitronengrasherz fein schneiden. Die Kartoffeln und die Äpfel schälen und feinblättrig schneiden.

2) Die Schalotten im Erdnussöl andünsten, Ingwer, Zitronengras, Curry und Koriander 2 bis 3 Minuten mitdünsten, mit der Geflügelbrühe ablöschen, Suppe bei schwacher Hitze 10 Minuten kochen. Kartoffeln und Äpfel zufügen, bei mittlerer Hitze 15 Minuten kochen.

3) Für die Einlage beide Chilischoten in Ringe schneiden und entkernen. Schnittlauch fein schneiden. Korianderblättchen von den Stielen zupfen. Alle Zutaten mischen.

4) Die Kokosmilch zur Suppe geben, aufkochen, eventuell nachwürzen.

5) Die Kartoffel-Apfel-Suppe anrichten. Die Einlage in die Mitte geben.

Kartoffeln, asiatische Art

Beilage für 4 Personen

1 Beutel (60 g) Kokosnusspulver
4 dl/400 ml Wasser
1 TL Meersalz
1 TL Madras-Currymischung
500 g fest kochende Kartoffeln
½ Zitronengrasstängel (nur das Herz)
½ rote Chilischote
1 Bund Frühlingszwiebeln
1 EL Ingwerwürfelchen (Brunoise)
1 Bund Koriander, Blättchen von dem Stielen gezupft und gehackt
1 TL Tandooripaste
1 Limette, Saft

1) Kartoffeln schälen, in 2 cm große Würfel schneiden. Zitronengrasherz in feine Scheiben schneiden, Chilischote längs aufschneiden, entkernen. Frühlingszwiebeln samt Grün zerkleinern.
2) Kokosnusspulver, Wasser, Salz und Currypulver unter Rühren aufkochen. Kartoffeln, Zitronengras, Chili, Zwiebeln und Ingwer zufügen, bei mittlerer Hitze weich kochen. Kartoffeln auf der ausgeschalteten Wärmequelle zugedeckt 5 Minuten ziehen lassen. Den Eintopf mit Koriander, Tandooripaste und Limettensaft verfeinern.

Tipp
Das leicht cremige Kartoffelgericht passt zu Riesenkrevetten/-garnelen, Gemüseallerlei und gebratenem Tofu.

Frühkartoffeln
mit säuerlicher weißer Sauce

Mahlzeit für 4 Personen

½ l Gemüsebrühe
1 große Zwiebel
1 Lorbeerblatt
frisch gemahlener schwarzer Pfeffer
frisch geriebene Muskatnuss
800 g Frühkartoffeln
Meersalz
½ dl/50 ml Rahm/Sahne
1 EL Mehl
2 EL Weißweinessig
2 EL gehackte/fein geschnittene Gartenkräuter, z. B. Petersilie, Majoran, Schnittlauch

1) Die Kartoffeln waschen, ungeschält in 3 mm dicke Scheiben schneiden. Die Zwiebel fein würfeln. Rahm und Mehl glattrühren.
2) Gemüsebrühe, Zwiebeln und Lorbeerblatt aufkochen, mit Pfeffer und Muskatnuss würzen. Kartoffelnscheiben zufügen, 10 Minuten bei mittlerer Hitze kochen. Den Rahm unterrühren, nochmals erhitzen, damit die Flüssigkeit leicht gebunden wird. Essig und Kräuter unterrühren.

Tipp
Mit Bauernschinken und einem bunten Blattsalat servieren.

Kartoffeln
mit buntem Wintergemüse

Mahlzeit für 2 Personen
Beilage für 4 Personen

½ l Gemüsebrühe
400 g fest kochende Kartoffeln
1 mittelgroße Karotte
1 kleine Pfälzer Rübe/gelbe Rübe
1 Stück Knollensellerie
1 kleine Pastinake oder
2 Schwarzwurzeln
1 mittelgroße Zwiebel
1 Bund Petersilie
frisch gemahlener schwarzer Pfeffer
1 EL Baumnuss-/Walnussöl

1) Kartoffeln schälen und in große Stücke schneiden. Karotte, Pfälzer Rübe, Knollensellerie und Pastinake oder Schwarzwurzeln schälen und in Stäbchen schneiden. Die Zwiebel fein würfeln.

2) Gemüsebrühe aufkochen, Kartoffeln, Gemüse und Zwiebeln zufügen, bei mittlerer Hitze weich garen. Es sollte keine Brühe mehr übrig bleiben.

3) Die Petersilie fein hacken und unterrühren, mit Pfeffer abschmecken und mit dem Nussöl verfeinern.

Tipp
Passt zu Siedfleisch (Suppenfleisch), geräuchertem Fleisch und Sauerkraut.

Estragon-Kartoffeln
in weißer Sauce

Mahlzeit für 2 Personen
Beilage für 4 Personen

2 dl/200 ml Rahm/Sahne
2 dl/200 ml Milch
Kräutermeersalz
frisch geriebene Muskatnuss
frisch gemahlener schwarzer Pfeffer
400 g fest kochende Kartoffeln
5 Champignons
100 g Lauch
1 Bund Estragon

1) Die Kartoffeln schälen und in Stücke schneiden. Die Champignons in Scheiben schneiden. Die grobfasrigen Blätter beim Lauch entfernen, die Stange(n) längs halbieren, in feine Streifen schneiden.
2) Rahm und Milch aufkochen, mit Kräutersalz, Muskatnuss und Pfeffer würzen. Kartoffeln, Pilze und Lauch zufügen, bei mittlerer Hitze zugedeckt weich garen.
3) Estragonblättchen von den Stielen zupfen und unterrühren.

Tipp
Mit einem Zuckerhut-Apfel-Salat als Mahlzeit servieren.

Kartoffel-Dörrapfel-Eintopf

Mahlzeit für 4 Personen

200 g getrocknete Apfelschnitze
1 l Apfelsaft
1 EL Butter
1 EL Zucker
½ Chilischote, entkernt,
   in feinen Steifen
1 EL Ingwerwürfelchen
1 Saucisson/Brühwurst
250 g Speckwürfelchen
600 g fest kochende Kartoffeln
Meersalz
frisch gemahlener schwarzer Pfeffer

Salbei für die Garnitur

1) Die Apfelschnitze über Nacht im Apfelsaft einweichen.
2) Butter schmelzen, Zucker, Chili und Ingwer darin hellbraun glasieren. Apfelschnitze mit Apfelsaft, ganze Wurst und Speckwürfelchen zufügen, aufkochen, bei schwacher Hitze 30 Minuten garen.
3) Die Kartoffeln schälen, in gleich große Schnitze schneiden, leicht salzen, zum Eintopf geben, weitere 20 Minuten bei mittlerer Hitze garen.
4) Die Wurst aus der Pfanne nehmen, den Eintopf mit Salz und Pfeffer abschmecken. Wurst in Scheiben schneiden, auf den Eintopf legen. Mit dem Salbei garnieren.

Tandoori-Kartoffelspalten
mit Sommergemüse

Mahlzeit für 4 Personen

1 EL Olivenöl extra nativ
1 TL Kreuzkümmelsamen
1 TL Kurkuma
einige zerdrückte Koriandersamen
1 TL Sesamsamen
2 EL Tandooripaste
2 dl/200 ml Gemüsebrühe
500 g fest kochende Kartoffeln
300 g Kefen/Zuckerschoten
1 dl/100 ml Kokosnussmilch
1 Zweig Koriander
Meersalz

Raita
100 g Schafmilch- oder Kuhmilchjogurt
50 g Magerquark
2 EL Radieschenwürfelchen
4 EL Gurkenwürfelchen
2 EL gehackter Koriander
Kräutermeersalz
wenig Cayennepfeffer

1) Die Kartoffeln schälen, längs vierteln, Viertel in gleich große Spalten schneiden. Bei den Kefen den Stielansatz wegschneiden und gleichzeitig den zähen Faden abziehen. Den Koriander von den Stielen zupfen und fein hacken.

2) Kreuzkümmel, Kurkuma, Koriander und Sesamsamen im heißen Olivenöl unter Rühren kurz rösten. Tandooripaste und Gemüsebrühe zufügen und aufkochen. Kartoffelspalten zufügen, bei mittlerer Hitze 10 Minuten kochen, bis die Kartoffeln weich sind.

3) Die Kefen im Dampf 2 bis 3 Minuten dämpfen, mit der Kokosmilch zu den Kartoffeln geben, 2 bis 3 Minuten bei schwacher Hitze köcheln. Den Koriander unterrühren, mit Salz abschmecken.

4) Für die Raita den Jogurt mit dem Quark glattrühren, Koriander und Gemüsewürfelchen unterrühren, mit Kräutersalz und Cayennepfeffer würzen. Separat servieren.

Tandoori
Indische Gewürzmischung aus Knoblauch, Tamarinde, Koriander, Kreuzkümmel, Kurkuma und Cayennepfeffer. Schmeckt fruchtig-scharf und eignet sich auch zum Marinieren von Fleisch.

Tipp
Mit einem Fladenbrot servieren.

Kartoffelpüree

Kartoffelpüree – Grundrezept 68

Kartoffelpüree mit Dörrtomaten 68

Grünes Kartoffelpüree 69

Sellerie-Kartoffel-Püree 69

Kartoffelsoufflé mit Kressesauce 70

Kartoffelterrine mit Trüffeln 72

Kartoffelpüree – Grundrezept

Beilage für 4 Personen

500 g mehlig kochende Kartoffeln
1 dl/100 ml Milch
Meersalz
frisch geriebene Muskatnuss
30 g Butter
½ dl/50 ml Rahm/Sahne

1) Die Kartoffeln schälen und in kleine Stücke schneiden. Im Dampf sehr weich garen (Seite 38).
2) Die Milch erhitzen, mit Salz und Muskatnuss würzen.
3) Die noch heißen Kartoffeln durch das Passevite/ die Flotte Lotte in die heiße Milch drehen, die Butter darauf verteilen, kräftig rühren, nochmals erhitzen. Am Schluss den halb geschlagenen Rahm unterziehen.

Tipp
Die Kartoffeln müssen sehr weich gegart werden, nur so bekommt das Kartoffelpüree eine gleichmäßige Konsistenz und wird leicht und luftig.

Kartoffelpüree
mit Dörrtomaten

Beilage für 4 Personen

500 g mehlig kochende Kartoffeln
1 dl/100 ml Milch
Meersalz
2 EL Olivenöl extra nativ
½ dl/50 ml Rahm/Sahne
8 in Öl eingelegte Dörrtomaten, in Streifchen

1) Die Kartoffeln schälen und in kleine Stücke schneiden. Im Dampf sehr weich garen (Seite 38).
2) Die Milch erhitzen, mit Salz würzen.
3) Die noch heißen Kartoffeln durch das Passevite/ die Flotte Lotte in die heiße Milch drehen, das Olivenöl darüberträufeln, kräftig rühren, nochmals erhitzen. Am Schluss den halb geschlagenen Rahm und die Dörrtomaten unterziehen.

Tipp
Die Kartoffeln müssen sehr weich gegart werden, nur so bekommt das Kartoffelpüree eine gleichmäßige Konsistenz und wird leicht und luftig.

Grünes Kartoffelpüree

Beilage für 4 Personen

1 Portion Kartoffelpüree, Seite 68
2 Bund Schnittlauch
2 EL Kürbiskernöl
1 EL lauwarme Milch

1) Den Schnittlauch sehr fein schneiden.
2) Die Hälfte des Schnittlauchs mit dem Kürbiskernöl und der Milch pürieren.
3) Schnittlauchpüree und fein geschnittenen Schnittlauch unter das Kartoffelpüree rühren.

Tipp

Das grüne Kartoffelpüree passt ausgezeichnet zu gebratenem Fisch.

Abbildung

Sellerie-Kartoffel-Püree

Beilage für 4 Personen

1 Knollensellerie, ca. 400 g
700 g mehlig kochende Kartoffeln
1½ dl / 150 ml Milch
Meersalz
frisch geriebene Muskatnuss
3 EL Haselnussöl

1) Knollensellerie und Kartoffeln schälen und in kleine Stücke schneiden, im Dampf weich garen (Seite 38).
2) Die Milch erhitzen, mit Salz sowie Muskatnuss würzen.
3) Die noch heißen Kartoffeln und den Knollensellerie durch das Passevite/die Flotte Lotte in die Milch drehen, kräftig rühren, nochmals erhitzen. Das Püree mit dem Haselnussöl verfeinern.

Kartoffelsoufflé
mit Kressesauce

für 4 mittelgroße Souffléförmchen
kleine Mahlzeit für 4 Personen

20 g weiche Butter
Paniermehl

400 g mehlig kochende Kartoffeln
2 Eigelbe von Freilandeiern
150 g Magerquark
40 g flüssige Butter
40 g Frischkäse
Kräutermeersalz
frisch gemahlener schwarzer Pfeffer
1 Bund fein geschnittener
   Schnittlauch
2 Eiweiß
1 Prise Meersalz

Kressesauce
5 Handvoll Kresse
200 g saure Sahne/Sauerrahm
1 EL Baumnussöl/Walnussöl
Kräutermeersalz
frisch gemahlener schwarzer Pfeffer

Kresse für die Garnitur

1) Souffléförmchen mit der weichen Butter einstreichen, gleichmäßig mit dem Paniermehl ausstreuen.

2) Die Kartoffeln schälen und in kleine Würfel schneiden, im Dampf weich garen (Seite 38). Die noch heißen Kartoffeln durch das Passevite/die Flotte Lotte drehen.

3) Den Backofen auf 180 °C vorheizen.

4) Eigelbe, Magerquark, flüssige Butter und Frischkäse glattrühren, mit Kräutersalz und Pfeffer würzen, mit dem Schnittlauch unter das noch warme Kartoffelpüree rühren, eventuell nachwürzen. Das Eiweiß mit einer Prise Salz steif schlagen und unterziehen. Die Kartoffelmasse in die Förmchen füllen.

5) Souffléförmchen auf mittlerer Schiene in den vorgeheizten Backofen schieben, bei 180 °C rund 35 Minuten backen.

6) Für die Sauce die Kresse mit Sauerrahm und Nussöl pürieren, mit Kräutersalz und Pfeffer würzen.

7) Kressesauce auf die Teller verteilen. Kartoffelsoufflé aus den Förmchen lösen, auf die Kressesauce stellen. Mit der Kresse garnieren.

Kartoffelterrine
mit Trüffeln

für eine Terrinenform von ½ l Inhalt
Vorspeise für 4 bis 6 Personen

Terrine
500 g vorwiegend mehlig kochende Kartoffeln
100 g flüssige Butter
1 dl / 100 ml Rahm / Sahne
wenig frische schwarze Trüffel, grob gehackt
feines Meersalz
1 Prise frisch geriebene Muskatnuss
Randen- / Rote-Bete-Saft

Salatsträußchen
z. B. Lollo rosso, Eichblattsalat, Nüssli- / Feldsalat, Rucola, Radicchio di Verona, Brüsseler Endivie / weißer Chicorée, Schnittlauch

Linsenvinaigrette
2 EL eingelegte grüne Linsen (über Nacht einweichen)
1 EL 5-jähriger Balsamico
2 EL Olivenöl extra nativ
Meersalz
frisch gemahlener schwarzer Pfeffer

1) Die Hälfte der Kartoffeln schälen, in Würfelchen schneiden und im Dampf weich garen (Seite 38). Die heißen Kartoffeln durch das Passevite / die Flotte Lotte drehen. Butter, Rahm und Trüffel unterrühren, mit Salz und Muskatnuss abschmecken.

2) Restliche Kartoffeln schälen und in 10 mm dicke Stäbchen schneiden, im Randen- / rote-Bete-Saft weich garen. Auskühlen lassen.

3) Terrinenform mit Klarsichtfolie auskleiden. Die Hälfte der Kartoffelmasse in die Form füllen und glattstreichen. Die roten Kartoffelstäbchen darauf verteilen, mit der restlichen Kartoffelmasse zudecken. Die Kartoffelterrine mindestens 30 Minuten kühl stellen. 10 Minuten vor dem Servieren aus dem Kühlschrank nehmen.

4) Die eingeweichten grünen Linsen abgießen, mit frischem Wasser aufkochen und weich garen, abgießen, noch warm mit dem Balsamico und dem Olivenöl mischen, mit Salz und Pfeffer abschmecken, zugedeckt auskühlen lassen.

5) Blattsalate in mundgerechte Stücke zupfen, waschen, trocken schleudern, auf den Tellern zu einem Sträußchen arrangieren. Terrine stürzen und in 15 mm dicke Scheiben schneiden, je zwei Scheiben zum Salatsträußchen legen, mit der Linsenvinaigrette umgeben.

Burger

Luftiges Kartoffelmedaillon mit Riesenkrevetten und Shiitake-Spargel-Ragout 76

Auberginen «Andalusia» mit Gemüsevinaigrette 78

Süßkartoffelmedaillons mit Kirschkompott 80

Kartoffelburger mit Gemüse und Peperonisauce 82

Luftiges Kartoffelmedaillon
mit Riesenkrevetten und Shiitake-Spargel-Ragout

Mahlzeit für 4 Personen

Kartoffelmedaillons
500 g mehlig kochende Kartoffeln
½ dl/50 ml Milch
3 EL Kartoffelstärke
Meersalz
frisch geriebene Muskatnuss
frisch gemahlener weißer Pfeffer
3 Eigelbe von Freilandeiern
3 Eiweiß
2–3 EL Rahm/Sahne

Bratbutter/Butterschmalz

8 Wildriesenkrevetten/-garnelen
1 Limette
frisch geriebener Ingwer

8 Shiitake
1 cm Ingwerwurzel
½ Chilischote
3 EL Sherry
Meersalz
frisch gemahlener schwarzer Pfeffer

16 Wildspargel oder grüne Spargel

1) Die Kartoffeln schälen und in kleine Stücke schneiden, im Dampf weich garen (Seite 38). Noch heiß durch das Passevite/die Flotte Lotte drehen. Die Milch und die Kartoffelstärke unterrühren, mit Salz, Muskatnuss und Pfeffer würzen. Eigelbe einzeln unterrühren. Kurz vor dem Braten das Eiweiß zu Schnee schlagen und unterheben. Den Rahm unterrühren. Der Teig soll von cremiger, dicker Konsistenz sein.

2) Die Riesenkrevetten schälen, Schwanzende nicht abschneiden. Dem Schwanzrücken entlang einen Einschnitt machen und den Darm herauslösen. Die Krevetten in einer Schüssel mit dem Limettensaft und wenig frisch geriebenem Ingwer marinieren.

3) Bei den Shiitake die Stiele herausdrehen, die Hüte in kleine Dreiecke schneiden. Die Ingwerwurzel schälen und klein würfeln (Brunoise). Die Chilischote klein würfeln (Brunoise). Shiitake, Chili und Ingwer im Sherry andünsten, mit Salz und Pfeffer würzen. Riesenkrevetten auf die Pilze legen, zugedeckt bei schwacher Hitze 3 Minuten dünsten.

4) Die Schnittstelle beim Spargel kappen, das untere Drittel eventuell schälen, Stangen im Dampf einige Minuten blanchieren. Warm halten.

5) Für die Kartoffelmedaillons in einer Bratpfanne reichlich Bratbutter erhitzen. Die Kartoffelmasse in 4 Portionen in die Bratpfanne füllen und mit einem Ausstecher rund formen, bei mittlerer Hitze goldgelb braten, wenden und fertig braten. Die Medaillons nicht zu lang braten, weil sie sonst austrocknen. Auf Küchenpapier abtropfen lassen.

6) Kartoffelmedaillons auf vorgewärmte Teller setzen, mit dem Spargel und dem Pilzragout umgeben. Riesenkrevetten auf das Medaillon legen.

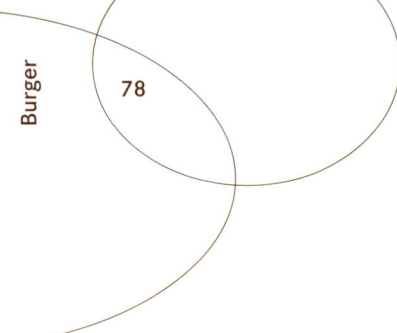

Auberginen «Andalusia»
mit Gemüsevinaigrette

Vorspeise für 4 Personen

1 mittelgroße Aubergine
1 kleine Zwiebel
2 EL Olivenöl extra nativ
2 gekochte Schalenkartoffeln,
   ca. 200 g
1 Eigelb von einem Freilandei
80 g geriebener Parmesan
frischer Majoran
Meersalz
frisch gemahlener schwarzer Pfeffer

2 Eiweiß von Freilandeiern
Paniermehl
Olivenöl zum Braten

Gemüsevinaigrette
60 g Gemüsewürfelchen
2 EL Sherryessig
1 TL 5-jähriger Balsamico
1 Spritzer Sojasauce
1 TL Birnendicksaft
Kräutermeersalz
frisch gemahlener Pfeffer
2 EL kalt gepresstes Distelöl

1) Aubergine beidseitig kappen, 8 Scheiben von 1 cm Dicke schneiden. Die Scheiben seitlich einschneiden, sodass Taschen entstehen.

2) Die Auberginenreste schälen, mit der Zwiebel fein würfeln und in wenig Olivenöl dünsten.

3) Die Kartoffeln schälen und mit einer Gabel fein zerdrücken. Auberginen-Zwiebel-Gemisch, Eigelb, Parmesan und gehackten Majoran zufügen, gut mischen, mit Salz und Pfeffer abschmecken. Auberginenscheiben an den Rändern zusammendrücken, damit sich eine Tasche öffnet, diese mit der Kartoffelmasse füllen.

4) Die Eiweiß verquirlen. Die Auberginentaschen zuerst im Eiweiß und dann im Paniermehl wenden. Im Olivenöl bei mittlerer Hitze beidseitig 5 Minuten braten, auf Haushaltpapier abtropfen lassen.

5) Die Gemüsewürfelchen in 2 EL Wasser kurz dämpfen. Die Vinaigrette zubereiten, die Gemüsewürfelchen zufügen.

6) Die Auberginentaschen aufschneiden, auf Tellern anrichten. Mit der Gemüsevinaigrette umgeben.

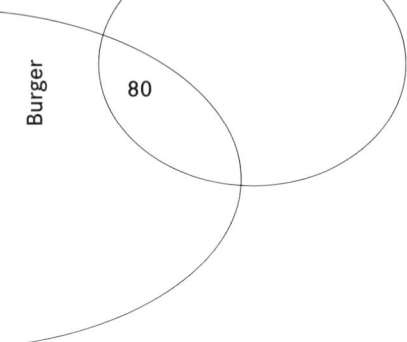

Süßkartoffelmedaillons
mit Kirschkompott

für Schleckmäuler ein feines
   Nachtessen
Mahlzeit für 6–8 Personen

1,2 kg Süßkartoffeln
150 g Dinkel- oder
   Weizendunst/Spätzlemehl
300 g Magerquark
2 Vanilleschoten
2 Freilandeier
1 Prise Meersalz
100 g Korinthen
1 EL Rum
1 unbehandelte Zitrone

Puderzucker

Bratbutter/Butterschmalz
   zum Braten

   Vanillerahm/-sahne
1 dl/100 ml Rahm/Sahne
1 EL Zucker
1 Briefchen Vanillezucker
wenig abgeriebene Zitronenschale

1 Portion Kirschkompott oder
   anderes Fruchtkompott

1) Die Korinthen über Nacht mit dem Rum marinieren.
2) Die Süßkartoffeln in der Schale im Dampf weich garen (Seite 38). Noch heiß schälen und durch das Passetout/die Flotte Lotte drehen.
3) Die Vanilleschoten längs aufschneiden, das Mark abstreifen und unter den Magerquark rühren. Eier und Salz zufügen, zu einer luftigen Masse aufschlagen. Die Zitrone dünn abschälen, die Schalen in Streifchen schneiden, zusammen mit den Korinthen unter den Quark rühren.
4) Dunst über die ausgekühlten, passierten Süßkartoffeln sieben. Den Quark zugeben, zu einem formbaren Teig verarbeiten.
5) Auf bemehlter Arbeitsfläche Rollen von 5 cm Durchmesser formen, die Rollen in 15 mm dicke Scheiben schneiden.
6) Die Kartoffelmedaillons in der Bratbutter bei mittlerer Hitze beidseitig goldgelb braten.
7) Den Rahm mit dem Zucker und dem Vanillezucker flaumig schlagen, die Zitronenschalen unterrühren.
8) Den Vanillerahm rondellenförmig auf die Teller verteilen, mit dem Kirschkompott bedecken. Ein Kartoffelmedaillon darauflegen, mit Kirschkompott bedecken. Das zweite Medaillon mit Puderzucker bestäuben und darauflegen.

Kartoffelburger
mit Gemüse und Peperonisauce

Kartoffelburger

300 g mehlig kochende Kartoffeln
150 g Gruyère
1 Freilandei
1 EL fein gehackte Petersilie
50 g entsteinte schwarze Oliven
50 g entsteinte grüne Oliven
1 durchgepresste Knoblauchzehe
80 g Dinkelweißmehl/Mehl Typo 605
Kräutermeersalz
frisch geriebene Muskatnuss
frisch gemahlener schwarzer Pfeffer
Bratbutter/Butterschmalz
  zum Braten

Gemüse

1 EL Bratbutter/Butterschmalz
3 mittelgroße Zwiebeln
6 dicke grüne Bohnen
1 Fenchel
1 mittelgroße Karotte
½ dl/50 ml Gemüsebrühe
Meersalz
frisch gemahlener schwarzer Pfeffer
1 EL Butter

1½ dl/150 ml Peperoni-/Paprika-
  sauce, Seite 152

1) Kartoffeln in der Schale im Dampf nicht zu weich garen (Seite 38). Kartoffeln abkühlen lassen, schälen, auf der Röstiraffel reiben. Gruyère ebenfalls auf der Röstiraffel reiben. Alle Zutaten für die Burger gut vermengen, mit Kräutersalz, Muskatnuss und Pfeffer würzen.

2) Für das Gemüse die Zwiebeln in Streifen schneiden. Bei den Bohnen den Stielansatz wegschneiden, Schoten quer halbieren. Fenchel putzen, d. h. die grobfasrigen Teile mit dem Sparschäler entfernen, Knolle quer in feine Scheiben schneiden. Die Karotte schälen und in Stäbchen schneiden.

3) Die Zwiebeln in der Bratbutter andünsten, 2 Esslöffel Wasser zufügen, bei mittlerer Hitze weich garen, in eine Schüssel geben.

4) Bohnen, Fenchel und Karotten mit der Gemüsebrühe in der Zwiebelpfanne bei mittlerer Hitze knackig garen. Gedünstete Zwiebeln zufügen. Kurz vor dem Servieren nochmals erhitzen, würzen mit Salz und Pfeffer, mit der Butter abschmecken.

5) Aus der Kartoffelmasse 8 Burger formen. In der Bratbutter bei mittlerer Hitze beidseitig goldbraun braten, je 5 Minuten.

6) Kartoffelburger mit dem Gemüse auf vorgewärmten Tellern anrichten (siehe Bild). Mit der Peperonisauce Tupfer setzen.

Tipp

Auf dem Bild haben die Peperonitupfer ein gelbes «Häubchen». Dafür eignen sich eine Currysauce oder wenig Apfelmus/Apfelchutney.

Rösti

Cirque – Die Rösti aus dem Pariser Bistro 87

Rösti nach Großmutterart 87

Rösti aus rohen Kartoffeln 88

Kartoffel-Wurzelgemüse-Rösti 89

Lauch-Tofu-Rösti 90

Rösti – dünn und kompakt 91

Rösti aus Süßkartoffeln, mit Avocadosauce 92

Kartoffel-Zucchini-Crespelle mit Felchenstreifen 94

Rösti nach Großmutterart

Für eine Rösti eignen sich rohe wie gekochte Kartoffeln. Bei Verwendung gekochter Kartoffeln diese am Vortag kochen, und zwar nicht zu weich; die halbe Garzeit reicht, nur so erhält man beim Reiben auf der Röstiraffel/dem Gemüsehobel feste Streifen. Eine Rösti braucht zudem reichlich Fett, damit sie schön knusprig wird.

Bratpfanne
ideal zum Braten ist eine Gusseisenpfanne oder Bratpfanne mit Antihaftbeschichtung

Kartoffelsorte
vorwiegend fest kochende Sorten bei gekochten Schalenkartoffeln, mehlig kochende Sorten bei rohen Kartoffeln

Gewürze
frisch gemahlener Pfeffer, frisch geriebene Muskatnuss, Paprikapulver

Kräuter und sonstige Zutaten
Majoran, Thymian, Petersilie, gehackte Zwiebeln, fein geschnittener Lauch, Speckwürfelchen

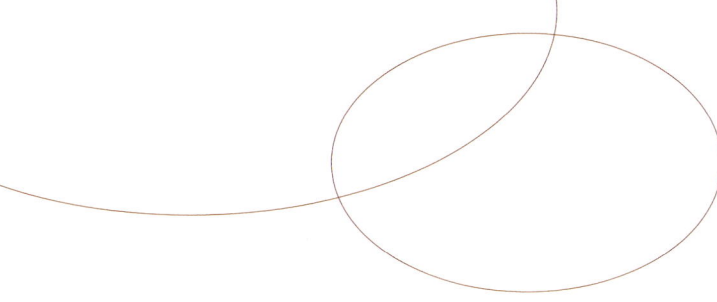

Crique – Die Rösti aus dem Pariser Bistro

Mahlzeit für 2 Personen

400 g mehlig kochende Kartoffeln
2 Eigelbe von Freilandeiern
1 EL Doppelrahm/Crème double
1 EL gehackte Petersilie
Kräutermeersalz, schwarzer Pfeffer
2 EL Bratbutter/Butterschmalz

1) Die rohen Kartoffeln schälen und auf der Röstiraffel/ dem Gemüsehobel reiben. Kartoffelspäne gut ausdrücken, den Saft auffangen. Den Kartoffelsaft stehen lassen, damit sich die Stärke setzen kann, Flüssigkeit abgießen.
2) Kartoffelspäne, Eigelb, Doppelrahm, Petersilie und Kartoffelstärke vermengen, mit Kräutersalz und Pfeffer würzen.
3) Die Bratbutter in einer Bratpfanne erhitzen. Aus der Kartoffelmasse bei mäßiger Hitze 8 Mini-Rösti braten, beidseitig 3 bis 4 Minuten.

Tipp
Zu Fischgerichten servieren.

Varianten
2 EL geröstete Sesamsamen mit den Karoffeln mischen oder 1 EL fein geschnittene schwarze Oliven und 2 Sardellenfilets untermischen. Mini-Rösti mit je 200 g Kartoffeln und Topinamburen zubereiten.

Rösti nach Großmutterart

Mahlzeit für 2 Personen
Beilage für 4 Personen

400 g gekochte Schalenkartoffeln
   vom Vortag, vorwiegend fest kochende Sorte
Meersalz
frisch geriebene Muskatnuss
frisch gemahlener schwarzer Pfeffer
1 EL Bratbutter/Butterschmalz
150 g Speckwürfelchen
1 mittelgroße Zwiebel
1 EL Butter

1) Die Kartoffeln schälen und auf der Röstiraffel/dem Gemüsehobel reiben, würzen.
2) Die Zwiebel fein würfeln.
3) Speckwürfelchen in der Bratbutter knusprig braten, Zwiebeln kurz mitbraten. Die Kartoffeln untermischen. Mit einem Holzlöffel rühren, damit die Kartoffeln gleichmäßig angebraten werden. Einen runden Kuchen formen, bei mittlerer Hitze ein paar Minuten braten. die Rösti wenden, die Butter an den Rand der Pfanne verteilen, Rösti bei mittlerer Hitze knusprig braten.

Abbildung

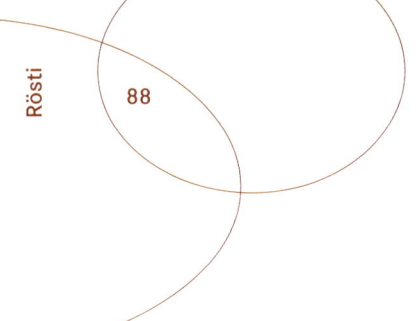

Rösti aus rohen Kartoffeln

Mahlzeit für 2 Personen
Beilage für 4 Personen

500 g mehlig kochende Kartoffeln
1 TL getrockneter Majoran
Kräutermeersalz
frisch gemahlener schwarzer Pfeffer
2 EL Bratbutter/Butterschmalz
1 EL Butter

1) Die rohen Kartoffeln schälen und auf der Röstiraffel/dem Gemüsehobel raspeln, mit Majoran, Kräutersalz und Pfeffer würzen.
2) Die Bratbutter in einer Bratpfanne erhitzen, die Kartoffeln zufügen, bei mittlerer Hitze anbraten, immer wieder mit einem Holzlöffel rühren, damit die Raspel gleichmäßig angebraten werden. Einen Kuchen formen, zugedeckt bei mittlerer Hitze 5 Minuten braten.
3) Den Röstikuchen wenden, die Butter am Rand verteilen, Rösti nochmals 5 Minuten braten. Jetzt die Rösti nicht mehr zudecken, damit sie schön knusprig wird.

Kartoffel-Wurzelgemüse-Rösti

Mahlzeit für 2 Personen
Beilage für 4 Personen

400 g mehlig kochende Kartoffeln
50 g Knollensellerie
1 mittelgroße Karotte
100 g Pastinaken
1 Bund gehackter Liebstöckel
Kräutermeersalz
frisch geriebene Muskatnuss
frisch gemahlener schwarzer Pfeffer
3 EL Bratbutter/Butterschmalz
1 EL Butter

1) Den Backofen auf 200 °C vorheizen.
2) Die rohen Kartoffeln schälen, in etwa 2 mm dünne Scheiben schneiden. Sellerie, Karotte und Pastinaken putzen/schälen und auf der Röstiraffel/dem Gemüsehobel reiben, mit Kartoffeln und Liebstöckel vermengen, mit Kräutersalz, Muskatnuss und Pfeffer würzen.
3) Die Bratbutter in einer ofenfesten Form erhitzen, Kartoffelgemisch in die Form verteilen und zu einem Kuchen formen. Die Butter darauf verteilen.
4) Die Bratpfanne in den vorgeheizten Ofen schieben, Rösti 15 Minuten backen, wenden und weitere 15 Minuten backen.

Tipp

Als Beilage zu Saucenfleisch oder als Hauptgericht mit Ziegenfrischkäse und Blattsalat servieren.

Lauch-Tofu-Rösti

Mahlzeit für 2 Personen
Beilage für 4 Personen

500 g gekochte Schalenkartoffeln vom Vortag, vorwiegend fest kochende Sorte
100 g Lauch
1 cm Ingwerwurzel
Kräutermeersalz
frisch gemahlener Koriander
frisch gemahlener schwarzer Pfeffer
150 g geräucherter Tofu
3 EL Bratbutter/Butterschmalz
1 EL Butter

1) Kartoffeln schälen und auf der Röstiraffel/dem Gemüsehobel reiben.
2) Den Tofu klein würfeln. Beim Lauch die zähen Hüllblätter entfernen, Stangen längs halbieren und in Streifen schneiden. Den Ingwer schälen und fein reiben.
3) Kartoffeln, Lauch und Ingwer mischen, mit Kräutersalz, Koriander und Pfeffer würzen.
4) Tofu in einer Bratpfanne in der Bratbutter knusprig braten. Kartoffel-Lauch-Gemisch zugeben, mit einem Holzlöffel häufig rühren, damit die Kartoffeln gleichmäßig angebraten werden. Einen Kuchen formen, bei mittlerer Hitze einige Minuten braten. Die Rösti wenden, die Butter an den Rand verteilen, Rösti bei mittlerer Hitze knusprig braten.

Rösti – dünn und kompakt

Mahlzeit für 2 Personen

300 g mehlig kochende Kartoffeln
1 gekochte Kartoffel
   (mehlig kochende Sorte)
2 EL Maismehl
1 Freilandei
4 EL Milch
Meersalz
frisch geriebene Muskatnuss

Bratbutter/Butterschmalz
   zum Braten

1) Kartoffeln schälen, auf der Bircher-Rohkostreibe in eine Schüssel reiben. Mit Wasser bedecken und 10 Minuten stehen lassen. Kartoffeln in ein Sieb abgießen und gut ausdrücken, die Flüssigkeit auffangen, 10 Minuten stehen lassen, damit sich die Kartoffelstärke setzen kann. Die Kartoffelflüssigkeit vorsichtig abgießen.

2) Die gekochte Kartoffel schälen und auf der Bircherreibe fein reiben, Maismehl, Ei und Milch unterrühren, würzen. Die rohen Kartoffeln und die Kartoffelstärke zufügen, gut vermengen.

3) In einer beschichteten Bratpfanne wenig Bratbutter erhitzen, Kartoffelmasse portionieren und bei mittlerer Hitze «Omeletts» backen.

Tipp
Mit einem Birnenkompott und mit Milchkaffee servieren.

Rösti aus Süßkartoffeln
mit Avocadosauce

kleine Mahlzeit
für 2 bis 3 Personen

500 g Süßkartoffeln
1 Freilandei
1 mittelgroße Zwiebel
1 gehackte Chilischote
2 EL Reismehl
Kräutermeersalz
frisch gemahlener weißer Pfeffer

Olivenöl extra nativ zum Braten

Avocadosauce
200 g Sauerrahm/saure Sahne
Kräutermeersalz
frisch gemahlener schwarzer Pfeffer
½ Limette, Saft
2 reife Avocados
1 feste Tomate
1 Chilischote
6 geröstete, grob gehackte Cashewkerne
1 EL gehackter Koriander

2 Zweige Koriander für die Garnitur

1) Die Süßkartoffeln schälen und auf einer feinen Reibe (Bircherreibe) in ein Sieb reiben, gut ausdrücken, den Saft auffangen und die Stärke setzen lassen, dann die Flüssigkeit abgießen.

2) Das Ei mit der Stärke verrühren. Die Zwiebel schälen und auf der Bircherreibe dazureiben. Die gehackte Chilischote und das Reismehl unterrühren, mit Kräutersalz und Pfeffer würzen.

3) Für die Sauce den Sauerrahm mit Kräutersalz, Pfeffer und Limettensaft würzen. Die Avocados halbieren, den Stein entfernen, das Fruchtfleisch mit einem Esslöffel herauslösen und klein würfeln, zum Sauerrahm geben. Die Chilischote längs aufschneiden, entkernen, die Hälften in feine Streifen schneiden, zur Sauce geben. Die Tomate schälen, den Stielansatz ausstechen, die Gemüsefrucht vierteln, die gallertartige Masse mit den Kernen entfernen, das Fruchtfleisch klein würfeln, zur Sauce geben. Kurz vor dem Anrichten die gerösteten Cashewkerne und den gehackten Koriander unterrühren.

4) In einer beschichteten Bratpfanne wenig Olivenöl erhitzen, die Süßkartoffelmasse möglichst dünn zu «Omeletts» von 10 cm Durchmesser ausstreichen, auf beiden Seiten goldbraun backen. Auf einen Teller legen.

5) Eine Hälfte der «Omeletts» mit der Avocadomasse bestreichen, die andere Hälfte darüberklappen. Mit Koriander garnieren.

Tipp
Mit einem bunten Blattsalat servieren.

Kartoffel-Zucchini-Crespelle
mit Felchenstreifen

Mahlzeit für 4 Personen

400–500 g Felchenfilets mit Haut
Kräutermeersalz
frisch gemahlener schwarzer Pfeffer
2 EL Bratbutter/Butterschmalz

1 Schalotte, fein gehackt
1 EL eingelegte Kapern
   (in Salzwasser eingelegt)
1 EL frische Ingwerwürfelchen
1 Bund gehackte glattblättrige
   Petersilie
2 EL Olivenöl extra nativ
2 EL Weißwein
1 EL Rotweinessig

Kartoffel-Zucchini-Crespelle
250 g Zucchini
200 g mehlig kochende Kartoffeln
75 g Dinkelweißmehl/Mehl Type 605
2 Eigelbe von Freilandeiern
1 EL geriebener Parmesan
1 Knoblauchzehe
1 Bund Basilikum
Kräutermeersalz
frisch gemahlener schwarzer Pfeffer
5–6 EL Sesamsamen
Olivenöl zum Braten

1 kleiner Radicchio di Verona/
   Cicorino rosso
1 Brüsseler Endivie/weißer Chicorée

1) Felchenfilets in Streifen schneiden, mit Kräutersalz und Pfeffer sanft einreiben. Die Bratbutter in einer nicht klebenden Bratpfanne schmelzen. Bevor die Butter zu schäumen beginnt, die Fischstücke mit der Hautseite nach oben in die Bratpfanne legen, bei mittlerer Temperatur beidseitig kurz braten. Die Fischstücke mit der Haut nach unten in eine Gratinform legen.

2) Schalotten, abgetropfte Kapern, Ingwerwürfelchen, Petersilie und Olivenöl in der Fischpfanne kurz dünsten. Den Weißwein und den Rotweinessig zufügen, erhitzen. Die Marinade über die Felchenfilets verteilen. Die Form mit einer Klarsichtfolie zudecken, die Fische etwa 2 Stunden marinieren.

3) Zucchini beidseitig kappen, auf der Röstiraffel/dem Gemüsehobel in Späne hobeln, schwach salzen und zum Wasserziehen einige Zeit stehen lassen, den Saft abgießen.

4) Die Kartoffeln schälen und ebenfalls auf der Röstiraffel/dem Gemüsehobel in Späne hobeln. Die Kartoffelspäne gut ausdrücken, den Saft auffangen und stehen lassen, damit sich die Stärke setzen kann. Den Saft abgießen.

5) Zucchini- und Kartoffelspäne, Kartoffelstärke, Mehl, Eigelbe, Käse, durchgepresste Knoblauchzehe und fein geschnittenen Basilikum gut vermengen, etwa 15 Minuten stehen lassen. 2 EL Sesamsamen unterrühren. Unmittelbar vor dem Braten mit Salz und Pfeffer würzen.

6) Radicchio di Verona und Brüsseler Endivie putzen, in feine Streifen schneiden.

7) Kartoffel-Zucchini-Masse in 4 Portionen teilen. In einer nicht klebenden Bratpfanne im Olivenöl bei mittlerer Hitze 4 Crespelle (dünne Rösti) braten, vor dem Wenden mit den restlichen Sesamsamen bestreuen und fertig braten.

8) Crespelle anrichten, Felchenfilets darauflegen. Mit den Salatstreifen garnieren, diese mit dem Fischfond beträufeln.

Bratkartoffeln

Die Schlanken – Ofenkartoffeln 99

Brösel-Kartoffeln 100

Kartoffel-Artischocken-Pfanne aus der Bretagne 100

Südliche Kartoffelpfanne 101

**Gebratene Frühkartoffeln und Zwiebeln
 mit grünem Spargel und Morcheln** 102

Winterliches Kartoffel-Kohl-Gericht 104

Trilogie von Kartoffeln, Topinambur und Schwarzwurzel 105

Maluns – Kartoffelriebel 106

Sennen-Käsekartoffeln 106

Herbstliches Kartoffel-Pilz-Gericht 108

Schmelzkartoffeln auf Bergheu 109

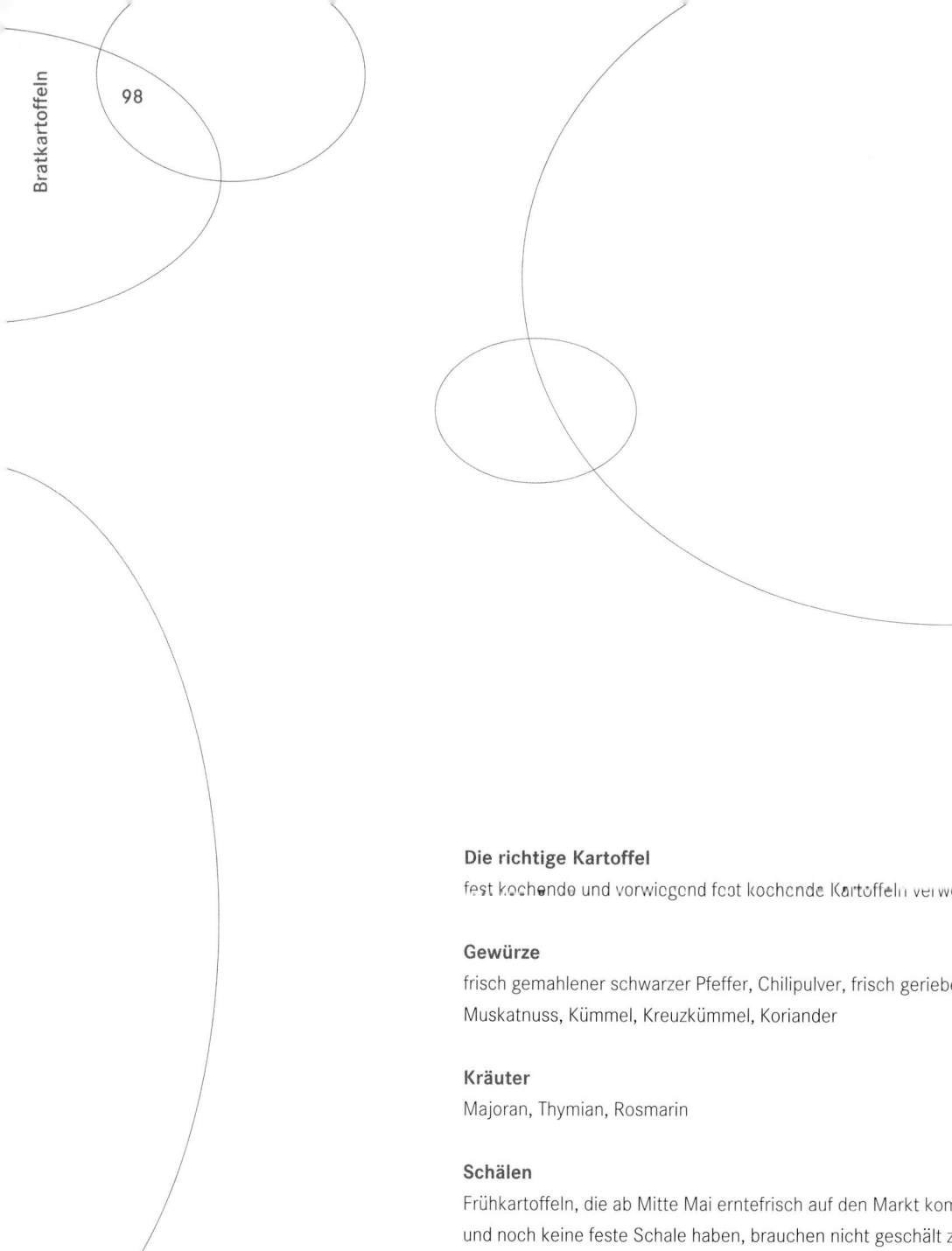

Die richtige Kartoffel
fest kochende und vorwiegend fest kochende Kartoffeln verwenden

Gewürze
frisch gemahlener schwarzer Pfeffer, Chilipulver, frisch geriebene Muskatnuss, Kümmel, Kreuzkümmel, Koriander

Kräuter
Majoran, Thymian, Rosmarin

Schälen
Frühkartoffeln, die ab Mitte Mai erntefrisch auf den Markt kommen und noch keine feste Schale haben, brauchen nicht geschält zu werden. Die Erdkrümmel am besten mit einer Gemüsebürste unter fließendem Wasser entfernen.

Zubereitung
Bratkartoffeln können im Backofen und in der Bratpfanne zubereitet werden. Die Bratzeit verringert sich, wenn man die klein geschnittenen Kartoffeln zuvor im Dampf einige Minuten kocht. Für knusprige Bratkartoffeln darf man mit dem Fett nicht geizen; die Kalorien für einmal nicht zählen!

Die Schlanken – Ofenkartoffeln

Beilage für 4 Personen

500 g Raclette-Kartoffeln
1 Rosmarinzweig
1 cm Ingwerwurzel
2 EL zerdrückte Koriandersamen
Meersalz
frisch gemahlener schwarzer Pfeffer

Olivenöl extra nativ für die Form

1) Den Backofen auf 200 °C vorheizen.
2) Kartoffeln waschen, je nach Jahreszeit schälen, in Würfel schneiden.
3) Die Rosmarinnadeln abstreifen. Die Ingwerwurzel schälen, auf der Birchereibe fein reiben. Rosmarin, Ingwer und Koriander mischen, mit Salz und Pfeffer abschmecken.
4) Ein Kuchenblech mit Olivenöl einfetten. Die Gewürzmischung darauf verteilen. Kartoffelwürfel auf das Backblech verteilen, im vorgeheizten Ofen bei 200 °C rund 20 Minuten braten.

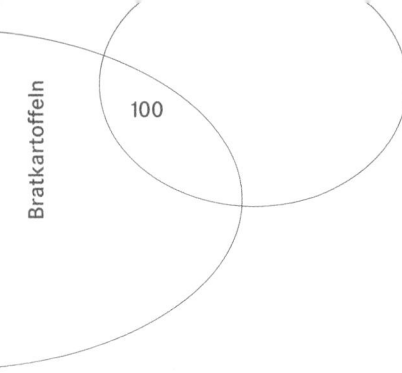

Brösel-Kartoffeln

Beilage für 4 Personen

600 g fest kochende Kartoffeln
2 EL Bratbutter/Butterschmalz
1 Rosmarinzweig
frisch gemahlener schwarzer Pfeffer
Meersalz
40 g Butter
2 EL Paniermehl/Semmelbrösel

1) Den Backofen auf 200 °C vorheizen.
2) Die Kartoffeln waschen, je nach Jahreszeit schälen, in Würfel schneiden.
3) Bratbutter in einem Bräter erhitzen. Kartoffeln und Rosmarinzweig zufügen, mit Salz und Pfeffer würzen, gut mischen. Den Bräter in den vorgeheizten Ofen schieben. Die Kartoffeln etwa 20 Minuten braten, ab und zu wenden. Den Rosmarinzweig entfernen.
4) Die in Stückchen geschnittene Butter mit dem Paniermehl untermischen.

Tipp

Brösel-Kartoffeln passen zu Poulet/Hähnchen, Kalbfleisch und Ratatouille.

Abbildung

Kartoffel-Artischocken-Pfanne aus der Bretagne

Mahlzeit für 2 Personen
Beilage für 4 Personen

1 dl/100 ml Portwein
½ dl/50 ml Balsamico
2 EL Wasser
3 EL Rapsöl
400 g vorwiegend fest kochende Kartoffeln, alle gleich groß
4 Artischocken
Kräutermeersalz
frisch gemahlener schwarzer Pfeffer

1) Portwein, Balsamico und Wasser bei starker Hitze einkochen.
2) Die Kartoffeln schälen, längs vierteln und quer in etwa 3 mm dicke Scheiben schneiden.
3) Bei den Artischocken den Stiel mit einem scharfen Messer abtrennen, Blütenboden mit Essig oder Zitronensaft einreiben, damit er sich nicht braun verfärbt. Die Hüllblätter mit einem scharfen Messer auf ⅓ Höhe kürzen. Mit einem Gemüsemesser Blattansatz und harte Teile auf der Unterseite entfernen. Das Heu mit einem Kaffeelöffel herauslösen. Die Artischockenböden vierteln und die Viertel in Scheiben schneiden.
4) Rapsöl in einer Bratpfanne erhitzen, Kartoffeln und Artischocken zufügen und bei mittlerer Hitze braten, zu Beginn häufig rühren, damit die Kartoffeln nicht aneinanderkleben.
5) Kartoffel-Artischocken-Pfanne mit Kräutersalz und Pfeffer würzen. Mit der Portweinreduktion beträufeln.

Tipp

Zu kurz gebratenem Rindfleisch servieren.

Brösel-Kartoffeln

Südliche Kartoffelpfanne

Mahlzeit für 2 Personen
Beilage für 4 Personen

3 EL Olivenöl extra nativ
400 g fest kochende Kartoffeln
1 Zweig Thymian
1 mittelgroße rote Zwiebel
2 Knoblauchzehen
4 getrocknete Tomaten
8 entsteinte schwarze Oliven
½ Chilischote
Meersalz
frisch gemahlener
   schwarzer Pfeffer
16 Cherrytomaten
Balsamico

1) Kartoffeln waschen, je nach Jahreszeit schälen, in 3 mm dicke Scheiben schneiden. Zwiebel vierteln und in feine Streifen schneiden. Knoblauchzehen in Scheiben schneiden. Die Tomaten in Streifen schneiden. Chilischote aufschneiden, entkernen, in Streifen schneiden.
2) Das Olivenöl in einer Bratpfanne erhitzen, Kartoffeln und Thymianzweig zufügen, bei mittlerer Hitze zugedeckt 10 Minuten braten, immer wieder wenden. Zwiebeln, Knoblauch, getrocknete Tomaten, Oliven und Chilischoten unterrühren, unter häufigem Rühren offen braten, bis die Kartoffeln weich sind. Mit Salz und Pfeffer würzen. Halbierte Cherrytomaten zufügen, mit Balsamico beträufeln.

Tipp
Zu Lamm und Geflügel servieren.

Mahlzeit
Das fertige Kartoffelgericht in eine Gratinform verteilen, mit feinen Pecorinoscheiben belegen, im Backofen auf Grillstufe kurz überbacken. Mit einem bunten Saisonsalat servieren.

Gebratene Frühkartoffeln
und Zwiebeln mit grünem Spargel und Morcheln

Mahlzeit für 4 Personen

Olivenöl extra nativ zum Braten
16 kleine Frühkartoffeln
1 Bund Frühlingszwiebeln
1 dl / 100 ml Gemüsebrühe
½ Bund grüner Spargel
150 g Morcheln
1 EL Haselnussöl
1 EL Butter
Meersalz
frisch gemahlener
    schwarzer Pfeffer

1) Die Kartoffeln waschen und längs halbieren. Das Grün der Frühlingszwiebeln in Ringe schneiden, die Zwiebeln halbieren. Morcheln waschen, je nach Größe halbieren. Beim Spargel das untere Drittel schälen, die Schnittstelle kappen, die Stangen quer halbieren.

2) Eine beschichtete Bratpfanne mit Olivenöl einpinseln, mit Salz bestreuen. Kartoffeln und Zwiebeln mit der Schnittfläche nach unten in die Pfanne legen, bei schwacher Hitze zudeckt weich braten.

3) Die Gemüsebrühe und das Zwiebelgrün aufkochen, den Spargel zufügen, zugedeckt 5 Minuten kochen. Morcheln und Haselnussöl zufügen, nochmals 2 bis 3 Minuten kochen. Mit der Butter verfeinern, mit Salz und Pfeffer abschmecken.

4) Gebratene Kartoffeln und Zwiebeln mit dem Spargel-Morchel-Ragout auf vorgewärmten Tellern anrichten.

Winterliches Kartoffel-Kohl-Gericht

Mahlzeit für 2 Personen
Beilage für 4 Personen

4 EL Bratbutter/Butterschmalz
400 g fest kochende Kartoffeln
½ Weißkabis/-kohl
100 g Pastinaken
8 Haselnüsse
Zwiebelschwitze
8 zerstoßene Kümmelsamen
1 EL edelsüßes Paprikapulver
Meersalz
frisch gemahlener schwarzer Pfeffer

   Zwiebelschwitze
1 EL Rapsöl
150 g Zwiebeln
½ dl/50 ml Gemüsebrühe
1 Prise Zucker
frisch gemahlener schwarzer Pfeffer
Kräutermeersalz
1 TL Sherryessig

1) Für die Zwiebelschwitze die Zwiebeln vierteln und in feine Streifen schneiden. Rapsöl erhitzen, die Zwiebeln zufügen und unter ständigem Rühren leicht Farbe annehmen lassen. Die Gemüsebrühe zugeben. Die Zwiebeln bei schwacher Hitze zugedeckt 10 Minuten garen. Mit einer Prise Zucker, Kräutersalz und Pfeffer würzen, mit dem Sherryessig abrunden.
2) Den Backofen auf 220 °C vorheizen.
3) Die Haselnüsse in einer Bratpfanne trocken rösten, in ein Küchentuch einschlagen und die Schale abreiben. Die Nüsse grob hacken.
4) Die Kartoffeln schälen und in 1 cm große Würfel schneiden. Den Weißkabis in Streifen schneiden. Die Pastinaken schälen, in Scheiben schneiden.
5) Bratbutter in einem Bräter erhitzen, Kartoffeln, Kabis und Pastinaken zufügen, mit der Bratbutter vermengen. Den Bräter in den Ofen schieben, Gemüse bei 220 °C 15 Minuten braten. Zwiebelschwitze, Haselnüsse, Kümmel und Paprika unterrühren, abschmecken mit Salz und Pfeffer.

Tipp
Das winterliche Gericht passt ausgezeichnet zu geräuchertem Schweinefleisch. Oder mit Apfelmus und Bergkäse serviert.

Trilogie
von Kartoffel, Topinambur und Schwarzwurzel

Mahlzeit für 2 Personen
Beilage für 4 Personen

4 EL Rapsöl
200 g fest kochende Kartoffeln
200 g Topinambure
200 g Schwarzwurzeln
Meersalz
frisch gemahlener schwarzer Pfeffer
frisch gemahlener Koriander
4 gedörrte Apfelschnitze
1 EL Ingwerwürfelchen (Brunoise)
½ dl/50 ml Apfelsaft

1) Kartoffeln schälen, in 2 cm große Würfel schneiden. Topinambure schälen und in 1 cm hohe Dreiecke schneiden. Schwarzwurzeln schälen und in 3 mm dicke Scheiben schneiden.

2) Die Dörräpfel klein würfeln, mit den Ingwerwürfelchen im Apfelsaft einweichen.

3) Das Rapsöl in einer Bratpfanne erhitzen. Kartoffeln, Topinambure und Schwarzwurzeln zufügen, bei mittlerer Hitze 10 Minuten zugedeckt braten. Kartoffeln mit wenig Öl beträufeln, offen knusprig braten. Mit Salz, Pfeffer und Koriander würzen. Apfel- und Ingwerwürfelchen samt Saft unterrühren. Sofort servieren.

Maluns – Kartoffelriebel

Mahlzeit für 4 bis 6 Personen

1 kg gekochte Schalenkartoffeln vom Vortag
300 g Spätzlemehl/doppelgriffiges Weizenmehl
Meersalz
frisch gemahlener schwarzer Pfeffer
100 g Bratbutter/Butterschmalz
50 g Butter

1) Die Kartoffeln schälen und auf der Röstiraffel reiben. Spätzlemehl beifügen, mit den Kartoffeln zwischen den Handflächen krümelig reiben, würzen.
2) Bratbutter am besten in einer Gusseisenpfanne erhitzen, Kartoffelmasse darin unter ständigem Rühren bei starker Hitze rösten. Geduld ist angesagt! Zum Schluss sollte die Masse aus kleinen, goldgelben Klümpchen bestehen. Die Butter unterrühren.

Tipp
Von der Pfanne auf den Tisch, lautet bei Maluns die Devise. Dazu passen Apfelmus und Bergkäse.

Abbildung

Sennen-Käsekartoffeln

Mahlzeit für 2 Personen
das andere Raclette

1 EL Bratbutter/Butterschmalz
500 g fest kochende Kartoffeln
2 kleine Zwiebeln
200 g Raclettekäse oder junger Bergkäse
1 dl/100 ml Rahm/Sahne
Kräutermeersalz
frisch gemahlener schwarzer Pfeffer

1) Kartoffeln schälen und in 5 mm große Würfelchen schneiden. Zwiebeln fein hacken. Den Raclettekäse in kleine Würfel schneiden.
2) Bratbutter in einer Bratpfanne erhitzen, die Kartoffeln zufügen, zugedeckt bei mittlerer Hitze braten. Immer wieder wenden. Kurz bevor die Kartoffeln gar sind, die Zwiebeln zufügen und offen fertig braten. Die Käsewürfelchen darüberstreuen.
3) Den Rahm mit Kräutersalz und Pfeffer gut würzen, über die Kartoffeln verteilen. Nochmals kurz erhitzen.

Tipp
Mit einer Ratatouille oder frischem Marktgemüse servieren.

Herbstliches Kartoffel-Pilz-Gericht

Mahlzeit für 2 Personen
Beilage für 4 Personen

3 EL Rapsöl
400 g vorwiegend fest kochende Kartoffeln
100 g Marktpilze, z. B. Semmelstoppel, Eierschwämmchen/ Pfifferlinge, Maronenröhrlinge
Kräutermeersalz
frisch gemahlener Pfeffer
50 g frische Preiselbeeren
½ Boskoop
1 EL Thymianblättchen
20 g Butterflocken

1) Kartoffeln schälen und in 2 cm lange und etwa 5 mm dicke Stäbchen schneiden. Pilze klein schneiden. Apfel entkernen und feinblättrig schneiden.

2) Das Rapsöl in einer Bratpfanne erhitzen, Kartoffelstäbchen zufügen und bei mittlerer Hitze zugedeckt 10 Minuten braten. Pilze unterrühren, wenn nötig etwas Öl zufügen, offen fertig braten. Mit Kräutersalz und Pfeffer würzen. Preiselbeeren, Äpfel und Thymianblättchen unterrühren, mit Butterflocken belegen.

Tipp
Als Beilage zu Schweinefleisch und kurz gebratenem Wildfleisch oder mit Rotkrautsalat servieren.

Schmelzkartoffeln
auf Bergheu

Mahlzeit für 4 Personen

1 l Gemüsebrühe
50 g Bergheu
2 dl/200 ml Balsamico
½ dl/50 ml Gemüsebrühe
8 große mehlig kochende Kartoffeln
  (Baked Potatoes)
frisch gemahlener schwarzer Pfeffer

Butter für die Form

1 mittelgroße Zwiebel für die Form

1) Den Backofen auf 180 °C vorheizen. Eine Gratinform mit Butter einfetten. Die Zwiebel fein hacken und in die Form streuen.
2) Balsamico mit Gemüsebrühe (½ dl/50 ml) sirupartig einkochen lassen.
3) Gemüsebrühe mit dem Bergheu aufkochen, 10 Minuten zugedeckt ziehen lassen, in die Form verteilen. Die Kartoffeln schälen und auf das Heu legen. Den Balsamico darübergießen.
4) Form in der Mitte in den vorgeheizten Ofen schieben. Kartoffeln immer wieder mit dem Fond bepinseln, damit sie eine schöne Farbe bekommen. Zum Schluss sollten die Kartoffeln alle Flüssigkeit aufgenommen haben. Die Backdauer beträgt etwa 45 Minuten.

Varianten

Die rohen Kartoffeln mit einem Pariserlöffel aushöhlen, d. h. zwei Kugeln ausstechen und die Vertiefungen mit einer Pestosauce füllen. Die Schmelzkartoffeln zum Schluss mit geriebenem Gruyère bestreuen und überbacken. Bergheu durch normales Heu ersetzen.

Gnocchi, Knödel, Spätzle, Klößchen

Gnocchi – Grundrezept 112

Kartoffelravioli mit Tomatenpestofüllung und Salbei-Nuss-Butter 113

Kartoffelspätzle 114

Überbackene Kartoffelklößchen 114

Süße Kartoffelnudeln mit Mohn- oder Nussröster 115

Zweifarbige Schupfnudeln, Pilze und grüne Erbsen auf Fonduta 116

Gnocchi «Mamma Graziella» 118

Kartoffelroulade mit Spinatfüllung auf Tomatencoulis 120

Mohnknödel mit Orangensalat 122

Thüringer Klöße 124

Baumwollne Klöße aus Franken 125

Gnocchiteig – Grundrezept

Beilage für 4 Personen

300 g mehlig kochende Kartoffeln
 (für Lila-Gnoochi blaue Kartoffeln
 nehmen)
2 Eigelbe von Freilandeiern
1 EL Ricotta
Meersalz
frisch geriebene Muskatnuss
frisch gemahlener weißer Pfeffer
50 g weiche Butter
50 g Dinkelweißmehl/Mehl Type 605
100 g Spätzlemehl/doppelgriffiges
 Weizenmehl oder Dunst

1) Kartoffeln in der Schale im Dampf weich garen (Seite 38), noch heiß schälen und durch das Passctout/die Flotte Lotte drehen.
2) Eigelbe und Ricotta glattrühren, mit Salz, Muskat und Pfeffer würzen. Eigelbmasse, Butter, Weizenmehl und die Hälfte des Spätzlemehls zu den Kartoffeln geben, zu einem Teig zusammenfügen.
3) Vor der Weiterverarbeitung die Konsistenz des Teigs überprüfen, indem man 2 bis 3 Klößchen probekocht. Klößchen in kochendes Salzwasser geben. Wenn sie zusammenhalten, ist der Teig in Ordnung. Wenn sie zerfallen, restliches Spätzlemehl einarbeiten.

Wichtig

Den Kartoffelteig nicht zu lange stehen lassen, weil er schnell Wasser zieht und klebrig wird. In diesem Fall noch einmal etwas Spätzlemehl einkneten.

Tiefkühlen

Sowohl Gnocchi wie auch Schupfnudeln (Seite 116) können tiefgekühlt werden.

Kartoffelravioli

mit Tomatenpestofüllung und Salbei-Nuss-Butter

für ca. 24 Ravioli
Mahlzeit für 4 Personen

1 Portion Gnocchiteig, Seite 112
Spätzlemehl/doppelgriffiges
    Weizenmehl
2 Eigelbe von Freilandeiern
100 g Tomatenpesto
Basilikum

Tomatenpesto
20 Dörrtomaten
1 Lorbeerblatt
2 Knoblauchzehen
½ roter Peperoncino/Pfefferschote
16 Kapern
1 dl/100 ml Olivenöl extra nativ
2 EL geriebener Parmesan

Salbei-Nuss-Butter
Salbeiblätter
8 geschälte, gehackte Haselnüsse
2 EL Butter

geriebener Parmesan

1) Für den Tomatenpesto Dörrtomaten mit Lorbeerblatt im Wasser kurz kochen. Abgießen. Tomaten klein schneiden, Knoblauchzehen dazupressen. Peperoncino aufschneiden, entkernen und klein hacken, mit Kapern und Olivenöl zu den Tomaten geben. Nicht zu fein pürieren. Parmesan unterrühren.

2) Gnocchiteig auf dem Mehl möglichst dünn ausrollen, 24 Rondellen von 6 cm Durchmesser ausstechen, mit Eigelb bestreichen. In die Mitte einen Teelöffel Tomatenpesto geben, mit einem Basilikumblatt belegen, zusammenklappen, die Ränder mit einer Gabel fest andrücken.

3) Salbeiblätter in Streifen schneiden, mit den Haselnüssen mischen.

4) In einem großen Kochtopf reichlich Salzwasser aufkochen, Ravioli in das kochende Wasser geben, an die Oberfläche steigen lassen. In vorgewärmten Suppentellern anrichten.

5) Die Butter schmelzen und erhitzen, bis sie schäumt, die Salbei-Nuss-Mischung zufügen, kurz schwenken, über die Kartoffelravioli verteilen, mit Parmesan und frisch gemahlenem Pfeffer bestreuen.

Tipp
Mit gedünstetem Spinat oder mit gedünsteten Zucchini servieren.

Pesto
Der Dörrtomatenpesto kann in einem Glas mit Schraubverschluss im Kühlschrank einige Tage aufbewahrt werden.

Gnocchi, Knödel, Spätzli, Klößchen

Kartoffelspätzle

Mahlzeit für 4 Personen

300 g vorwiegend fest kochende Kartoffeln
300 g Dinkelweißmehl/Mehl Type 605
1 dl/100 ml Milch
4 Freilandeier
1 TL Kräutersalz

Butter zum Wenden

1) Die Kartoffeln schälen und auf der Birchereibe reiben, in ein Sieb geben und ausdrücken, Saft auffangen, stehen lassen, damit sich die Stärke setzen kann, dann die Flüssigkeit abgießen.
2) Dinkelmehl in eine Schüssel geben, eine Vertiefung drücken. Milch, Eier, geriebene Kartoffeln und Kartoffelstärke in die Vertiefung geben, das Ganze zu einem zähflüssigen Teig schlagen. 30 Minuten ruhen lassen.
3) In einem großen Kochtopf reichlich Salzwasser aufkochen, Spätzleteig portionsweise auf ein mit kaltem Wasser abgespültes Brett geben und mit einem Teeöffel haselnussgroße, längliche Teigstücke abstechen und in das kochende Salzwasser gleiten lassen. Spätzle an die Oberfläche steigen, mit dem Schaumlöffel herausnehmen, mit kaltem Wasser abschrecken.
4) Die Spätzle in einer Bratpfanne in der Butter wenden und heiß werden lassen.

Tipp

Mit einem Blattsalat servieren.

Überbackene Kartoffelklößchen

Mahlzeit für 4 Personen

800 g mehlig kochende Kartoffeln
2½ dl/250 ml Milch
Kräutermeersalz
frisch gemahlener Pfeffer
frisch geriebene Muskatnuss
2 Eigelbe von Freilandeiern
2 EL Spätzlemehl/doppelgriffigers Weizenmehl
2 EL geriebener Sbrinz

2 EL Butter
1 EL Paniermehl

Butter für die Form

1) Kartoffeln schälen und in kleine Stücke schneiden, im Dampf garen (Seite 38).
2) Die Milch aufkochen, mit Kräutersalz, Pfeffer und Muskatnuss würzen. Die noch heißen Kartoffeln durch das Passevite/die Flotte Lotte drehen in die Milch drehen, gut verrühren, Eigelbe, Spätzlemehl und Sbrinz unterrühren.
3) Den Backofen auf 180 °C vorheizen.
4) Eine Gratinform einfetten. Von der Kartoffelmasse mit zwei Esslöffeln Klößchen abstechen, bergartig in die Form schichten. Butter schmelzen, das Paniermehl unterrühren, über die Klößchen verteilen.
5) Kartoffelklößchen auf mittlerer Schiene in den vorgeheizten Ofen schieben, bei 180 °C kurz erwärmen.

Tipp

Mit Kirsch- oder Zwetschgenkompott servieren.

Süße Kartoffelnudeln
mit Mohn- oder Nussröster

Mahlzeit für 4 Personen

1 Portion Gnocchiteig (ohne Salz und Pfeffer), Seite 112

Mohnröster – Variante 1
120 g Butter
60 g Mohnsamen
1 unbehandelte Orange, abgeriebene Schale
1 Briefchen Vanillezucker
wenig Zimtpulver
1 TL Akazienhonig

Nussröster – Variante 2
40 g grob gehackte Baumnuss-/Walnusskerne
40 g grob gehackte Haselnüsse
1 EL zerdrückte Mandelblättchen
2 EL Zucker
2 EL Butter
1 unbehandelte Zitrone, wenig abgeriebene Schale
20 g Schokoladensplitter

1) Für den Mohnröster die Mohnsamen im Mörser zerstoßen. Butter in einer Pfanne aufschäumen lassen, Mohnsamen, Orangenschale und Vanillezucker zufügen, mit Zimtpulver abrunden.

2) Für den Nussröster alle Nüsse in einer Pfanne trocken rösten, bis sie fein duften. Zucker und Butter zufügen, unter Rühren weiterrösten. Zitronenschalen unterrühren.

3) Kartoffelteig zu Schupfnudeln verarbeiten: Seite 116.

4) In einem großen Kochtopf reichlich Salzwasser erhitzen, Schupfnudeln portionsweise zufügen, an die Oberfläche steigen lassen. Mit einem Schaumlöffel herausnehmen, auf ein Kuchenblech verteilen.

5) Mohnröster: Die Schupfnudeln zufügen und gut vermengen, erhitzen. Den Akazienhonig unterrühren.

6) Nussröster: Die Schupfnudeln zufügen und gut vermengen, erhitzen. Die Schokoladensplitter unterrühren.

Tipp
Mit einer Vanillesauce oder einem Fruchtkompott servieren.

Zweifarbige Schupfnudeln
Pilze und grüne Erbsen auf Fonduta

Mahlzeit für 4 Personen

½ Portion lila Gnocchiteig, Seite 112
½ Portion weißer Gnocchiteig,
 Seite 112
Olivenöl extra nativ

1 EL Butter
150 g kleine Eierschwämmchen/
 Pfifferlinge
100 g ausgelöste grüne Erbsen oder
 tiefgefrorene Erbsen
Kräutermeersalz
frisch gemahlener Pfeffer
1 EL gehackte glattblättrige
 Petersilie
2 EL Schlagrahm/-sahne

Fonduta
2 dl/200 ml zimmerwarme Milch
frisch gemahlener schwarzer Pfeffer
frisch geriebene Muskatnuss
300 g Rohmilchkäse, z. B. Freiburger
 Vacherin oder Fontina
2 zimmerwarme Eigelbe von
 Freilandeiern
40 g zimmerwarme Butter

1) Die beiden Kartoffelteige in kleine Portionen teilen und daumendicke Rollen drehen. Die Rollen in etwa 1 cm dicke Stücke schneiden. Die Stücke länglich drehen (siehe Bild).

2) In einem großen Kochtopf reichlich Salzwasser aufkochen, die Schupfnudeln portionsweise in das kochende Wasser geben, an die Oberfläche steigen lassen. Mit einem Schaumlöffel herausnehmen und auf ein Kuchenblech verteilen. Mit Olivenöl beträufeln, durch Bewegen des Bleches gut mischen, zugedeckt beiseite stellen.

3) Pilze putzen, mit den Erbsen in einer Pfanne in der Butter andünsten, mit Kräutersalz und Pfeffer würzen. Vor dem Servieren die Schupfnudeln zufügen, unter ständigem Bewegen der Pfanne gut vermengen und erhitzen, gehackte Petersilie und Schlagrahm untermischen.

4) Für die Fonduta die Milch in eine Chromstahlschüssel geben, mit Pfeffer und Muskatnuss würzen. Den Käse auf der Röstiraffel dazureiben, vermengen. Eigelbe und Butter unterrühren. Über dem kochenden Wasser unter ständigem Rühren erwärmen. Es soll eine glatte, sämige Crème entstehen. Die Masse darf nie zu heiß werden; sonst flocken die Eier aus und die Fonduta wird grießig.

5) Mit der Fonduta auf vorgewärmten Tellern einen Spiegel zeichnen, die Schupfnudel-Pilz-Erbsen-Gemisch darauf anrichten.

Lila Schupfnudeln
Für den Gnocchiteig blaue Kartoffeln verwenden.

Gnocchi «Mamma Graziella»

Mahlzeit für 4 Personen

1 Portion Gnocchiteig, Seite 112
Olivenöl extra nativ
8 grüne Spargel
Meersalz
frisch gemahlener Pfeffer
3 EL Rahm/Sahne
120 g kleine schwarze Oliven
16 Cherrytomaten
1 dl/100 ml Tomatensauce

1) Den Gnocchiteig in kleine Portionen teilen und daraus daumendicke Rollen drehen. Die Rollen in etwa 1 cm lange Stücke schneiden. Daraus Gnocchi formen und diese mit dem Daumen über eine Gabel streifen.
2) In einem großen Kochtopf reichlich Salzwasser aufkochen, Gnocchi portionsweise in das kochende Wasser geben, an die Oberfläche steigen lassen, mit einem Schaumlöffel herausnehmen, auf ein Kuchenblech verteilen. Mit Olivenöl beträufeln, Gnocchi durch Bewegen des Bleches gut mit dem Öl mischen, zugedeckt beiseite stellen.
3) Bei den Cherrytomaten den Stielansatz ausstechen, Früchte vierteln.
4) Die Schnittstelle beim Spargel kappen, das untere Drittel schälen, die Stangen in 5 cm lange Stücke schneiden, dickere Stangen längs halbieren, im Dampf 4 Minuten blanchieren.
5) In einer beschichteten Bratpfanne wenig Olivenöl erwärmen, Gnocchi und Spargel zufügen, bei mittlerer Hitze schwenken und erwärmen, mit Salz und Pfeffer würzen, Rahm unterrühren. Zum Schluss die Oliven und die Cherrytomaten zufügen.
6) Die Gnocchi auf vorgewärmte Teller geben, mit der heißen Tomatensauce umgeben.

Kartoffelroulade
mit Spinatfüllung auf Tomatencoulis

Mahlzeit für 4 Personen

Kartoffelroulade
1 Portion Gnocchiteig, Seite 112
2 EL Olivenöl extra nativ
1 kleine Zwiebel
400 g Spinat
1 Freilandei
150 g Ricotta
1 EL Magerquark
Kräutermeersalz
frisch geriebene Muskatnuss
frisch gemahlener schwarzer Pfeffer

Tomatencoulis
3 EL Olivenöl extra nativ
Meersalz
frisch gemahlener schwarzer Pfeffer
16 Cherrytomaten
1 Bund Basilikum
1 Schale grüne Sprossen

1) Den Spinat entstielen, große Blätter klein zupfen. Die Spinatstiele im Dampf blanchieren. Die Zwiebel fein würfeln.

2) Die Zwiebeln im Olivenöl andünsten, die Spinatblätter und die -stiele zufügen und unter Rühren zusammenfallen lassen, in einem Sieb abtropfen lassen und leicht ausdrücken. Auskühlen lassen.

3) Das Ei verquirlen, Ricotta und Magerquark unterrühren, mit Kräutersalz, Muskatnuss und Pfeffer würzen. Den ausgekühlten Spinat zufügen, gut vermengen.

4) Den Kartoffelteig auf einer Klarsichtfolie 5 mm dick und rechteckig ausrollen. Die Spinatfüllung darauf verteilen, auf einer Längsseite und auf den Schmalseiten einen Rand von 2 cm frei lassen. Das Teigblatt satt einrollen, indem man die Folie anhebt und der Teig sich von selbst einrollen kann. Die Kartoffelroulade in ein feines Baumwoll- oder Leinentuch einwickeln, mit Haushaltschnur zu einer Wurst binden.

5) In einem großen Kochtopf reichlich Salzwasser aufkochen, die Kartoffelroulade hineinlegen, bei schwacher Hitze 30 Minuten pochieren.

6) Bei den Cherrytomaten den Stielansatz ausstechen, Tomaten halbieren und entkernen. Basilikumblätter von den Stielen zupfen, die Blätter klein zupfen. Olivenöl mit Meersalz und Pfeffer würzen, leicht erwärmen, die Cherrytomaten und die gezupften Basilikumblätter zufügen, mit dem Öl vermengen.

7) Die Kartoffelroulade in nicht zu feine Scheiben schneiden, auf vorgewärmten Tellern anrichten, mit dem Tomatencoulis umgeben und den Sprossen garnieren, mit schwarzem Pfeffer bestreuen.

Mohnknödel
mit Orangensalat

Dessert für 4 Pesonen

etwas aufwändig,
   aber die Arbeit lohnt sich

½ Portion Gnocchiteig, Seite 112

Füllung
1 dl/100 ml Milch
50 g Honig
3 cl Rum
100 g zerstoßene Mohnsamen
50 g weiße Schokolade,
   klein gewürfelt
50 g Brösel von Vollkornbiskuits/-
   keksen

Butterbrösel
150 g Butter
180 g Brösel von Vollkornbiskuits/
   -keksen
2 Msp Zimtpulver
2 EL Rohrohrzucker

1) Für die Füllung Milch, Honig und Rum erhitzen, Mohn zufügen, bei schwacher Hitze 3 Minuten köcheln lassen. Die Pfanne von der Wärmequelle nehmen, weiße Schokolade und Vollkornbiskuitbrösel unterrühren. Auskühlen lassen. Kleine Kugeln formen.

2) Kartoffelteig in 8 gleich große Portionen teilen, von Hand Rondellen von 12 cm Durchmesser formen. Mohnsamenkugeln darauflegen, in den Teig einhüllen und Knödel formen.

3) In einem großen Kochtopf reichlich Salzwasser aufkochen, Knödel zufügen, bei schwacher Hitze zugedeckt 7 bis 10 Minuten pochieren.

4) Für die Butterbrösel die Butter erhitzen, Biskuitbrösel, Zimtpulver und Zucker zufügen und rösten.

5) Die Knödel mit einem Schaumlöffel aus dem Topf nehmen, abtropfen lassen, in den Butterbröseln wenden.

Tipp
Mit einem Orangensalat oder einem Waldbeerenkompott servieren.

Thüringer Klöße

1) Die rohen Kartoffeln schälen und in kaltes Wasser reiben. Kartoffeln mit den Händen über einer Schüssel kräftig ausdrücken (die Stärke in der Schüssel setzen lassen, die Flüssigkeit abgießen). Die ausgedrückten Kartoffeln sollten sehr trocken sein.
2) Die gekochten Kartoffeln schälen und mit dem kochenden Wasser oder der kochenden Milch übergießen.
3) Rohe Kartoffeln, gekochte Kartoffeln und Kartoffelstärke kräftig mischen, mit Salz würzen
4) Die Brotwürfelchen in der Butter goldbraun braten.
5) In einem weiten Topf reichlich Salzwasser aufkochen. Aus der Kartoffelmasse einen kleinen Probekloß formen und diesen in das kochendheiße Wasser geben. Falls er zerfällt, 1 bis 2 EL Kartoffelstärke unter die Kartoffelmasse rühren. Aus der Kartoffelmasse mit angefeuchteten Händen etwa faust- oder tennisballgroße Klöße Formen, dabei jeweils eine kleine Vertiefung in die Masse drücken und diese mit einigen Brotwürfelchen füllen, den Kartoffelteig darüber gut zusammendrücken. Die Klöße rund formen, in das kochendheiße (nicht kochende Wasser) geben. Je nach Größe offen 20 bis 25 Minuten garziehen lasssen. Mit einem Schaumlöffel aus dem Wasser nehmen, gut abtropfen lassen. Sofort servieren.

Tipp

Wenn man die Klöße nach dem Formen in der Kartoffelstärke wendet, halten sie am besten zusammen, ohne zu fest zu werden. Die Klöße passen gut zu jeder Art Fleisch mit Sauce.

Beilage für 6 Personen

1½ kg mehlig kochende Kartoffeln
½ kg gekochte Schalenkartoffeln vom Vortag
ca. 2½ dl/250 ml heißes Wasser oder heiße Milch
Meersalz
1 altbackenes Brötchen, gewürfelt
1 EL Butter
wenig Karoffelstärke

Baumwollne Klöße
aus Franken

Beilage für 6 bis 8 Personen

1 kg mehlig kochende Kartoffeln
2½ dl/250 ml warmes Wasser
200 g Stärkemehl
1 TL Salz
frisch geriebene Muskatnuss oder
   1 EL zerriebener Majoran
2 Scheiben altbackenes Brot,
   gewürfelt
1 EL Butter

1) Kartoffeln in der Schale im Dampf weich garen (Seite 38), noch heiß schälen und durch das Passetout/die Flotte Lotte drehen.
2) Stärkemehl im warmen Wasser auflösen, unter die passierten Kartoffeln rühren, mit Salz und Muskatnuss abschmecken.
3) Die Brotwürfelchen in der Butter leicht rösten.
4) Aus der Masse mit angefeuchteten Händen tennisballgroße Klöße formen, in die Mitte eine Vertiefung drücken, einige Brotwürfelchen hineinfüllen, den Kloß gut verschließen.
5) Klöße in das kochendheiße (nicht kochende Wasser) geben, etwa 20 Minuten garziehen lassen. Mit einem Schaumlöffel aus dem Wasser nehmen, gut abtropfen lassen. Sofort servieren.

Tipp

Man kann den Teig auch mit einem Ei oder mit etwas Backpulver zubereiten. Zu den Klößen passt eine Sauce mit kräftigem Fleischgeschmack.

Aus der Fritteuse

Pommes frites 128

Kartoffelkrapfen 129

Kroketten 130

Frittierte Süßkartoffelkugeln auf Ananascoulis 132

Quesadillas mit Salsa Mexicana 134

Pommes frites

1) Die Kartoffeln schälen und einen Kubus von 6 cm Länge schneiden (Kartoffelreste für ein Kartoffelpüree oder eine Suppe usw. verwenden). Den Kubus in Längsrichtung in 1 cm dicke Scheiben und diesen in 1 cm dicke Stäbchen schneiden. Kartoffelstäbchen kalt abspülen, um die Stärke zu entfernen. In einem Geschirrtuch gut trocknen.
2) Das Erdnussöl in der Fritteuse oder in einem großen Brattopf auf 140 °C erhitzen, Kartoffelstäbchen in kleinen Portionen weichbacken, ohne dass sie Farbe annehmen. Es ist wichtig, kleine Portionen zu frittieren, damit sich das Öl nicht zu stark abkühlt. Vorgebackene Pommes frites auf ein Kuchenblech geben.
3) Nun das Öl auf 180 °C erhitzen. Vorgebackene Kartoffelstäbchen portionsweise goldgelb backen.
4) Ein Küchentuch auf ein Kuchenblech legen, die fertigen Pommes frites darauf abtropfen lassen. Mit Meersalz bestreuen, sofort servieren.

Beilage für 4 Personen

800 g große mehlig kochende
 Kartoffeln
Erdnussöl zum Frittieren
Meersalz

Variante

Die Pommes Frites können auch feiner geschnitten werden, so fein wie Streichhölzer oder Stroh. Vorbacken ist dann überflüssig. Je feiner die Stäbchen, desto knuspriger werden sie. Auf ein «weiches Innenleben» muss man dann allerdings verzichten.

Kartoffelkrapfen

für ca. 30 Stück
Beilage für 4 Personen

400 g mehlig kochende Kartoffeln

Brandteig
1 dl / 100 ml Milch
1 TL Meersalz
1 Msp frisch geriebene Muskatnuss
30 g Butter
50 g Dinkelweißmehl / Mehl Type 605
1 Freilandei

Erdnussöl zum Frittieren

1) Die Kartoffeln schälen, in kleine Stücke schneiden und im Dampf weich garen (Seite 38).
2) Milch, Salz, Muskat und Butter erhitzen. Das Mehl im Sturz zugeben und unterrühren, auf der ausgeschalteten Wärmequelle rühren, bis sich der Teig vom Topfboden löst. Auskühlen lassen. Das Ei unterrühren.
3) Die noch heißen Kartoffeln durch das Passevite/die Flotte Lotte drehen, unter den Brandteig rühren.
4) Von der Teigmasse mit zwei Esslöffeln Klößchen abstechen und diese auf ein eingefettetes Backpapier setzen.
5) Erdnussöl in einer Fritteuse oder in einem Brattopf auf 180 °C erhitzen. Die Krapfen im Öl portionsweise goldgelb backen.

Kroketten

Gewürze
frisch geriebene Muskatnuss, Macis, Paprikapulver, weißer Pfeffer, Ingwerpulver, Koriander

Panade
Paniermehl, Mandeln, Cornflakes, Sesamsamen

Formen
Kugeln, Tropfen, Klößchen usw.

Grundrezept

für ca. 24 Kroketten
Beilage für 4 Personen

450 g mehlig kochende Kartoffeln
2 Eigelbe von Freilandeiern
½ EL Magermilchquark
1 EL Weißmehl
Meersalz
frisch geriebene Muskatnuss

Panade
Weißmehl
2 Freilandeier
Kräutermeersalz
100 g Paniermehl
1 Handvoll Cornflakes

Erdnussöl zum Frittieren

1) Die Kartoffeln schälen, in gleich große Stücke schneiden, im Dampf weich garen (Seite 38). Die heißen Kartoffeln durch das Passevite/die Flotte Lotte drehen. Eigelb, Magerquark und Mehl unterrühren, mit Salz und Muskatnuss würzen.
2) Aus der Kartoffelmasse 15 mm dicke Rollen formen. Die Rollen in 3 bis 4 cm lange Stücke schneiden.
3) Die Eier verquirlen und leicht salzen. Paniermehl und zerstoßene Cornflakes mischen.
4) Die Kroketten zuerst im Mehl, dann im verquirlten Ei und zuletzt im Paniermehl wenden.
5) Das Erdnussöl in einer Fritteuse oder in einem Brattopf auf 170 °C erhitzen. Kroketten im Öl portionsweise goldgelb backen.

Varianten
Die Kartoffelmasse mit gehackten Oliven, Kräutern, geriebenem Parmesan oder Gemüsewürfelchen anreichern.

Frittierte Süßkartoffelkugeln
auf Ananascoulis

Dessert für 4 bis 6 Personen

400 g Süßkartoffeln
1 Gewürzsäckchen: 1 Zimtstange,
   1 Gewürznelke, Sternanis,
   1 TL Korianderkörner
1 EL Akazienblütenhonig
80 g klein geschnittene
   getrocknete Papayas
3 EL Rohrohrzucker
150 g Kokosnussflocken
2 Eigelbe von Freilandeiern

2 EL Reismehl
2 Eiweiß
100 g Kokosnussflocken

Frittieröl

Ananascoulis
1 Baby-Ananas
2 EL Zucker
½ dl/50 ml Orangensaft

Karamellfächer
100 g Zucker
½ Zitrone, Saft

1) Die Ananas oben und unten kappen, die Frucht schälen und die Augen mit einem spitzen Messer ausstechen. Ananas längs halbieren und den harten (holzigen) Mittelteil herausschneiden. Etwa einen Drittel der Frucht klein, den Rest in mittelgroße Dreiecke schneiden. Den Zucker in einer Gusseisenpfanne hellbraun karamellisieren, mit dem Orangensaft ablöschen, Karamell auflösen. Die klein geschnittene Ananas zufügen und aufkochen, mit dem Stabmixer pürieren. Ananasdreiecke zur Sauce geben, mischen, auskühlen lassen.

2) Für die Karamellfächer Zucker in einer Gusseisenpfanne karamellisieren, mit dem Zitronensaft ablöschen, Karamell unter Rühren auflösen und etwas einkochen lassen. Die Karamellmasse mit einem Esslöffel portionieren, auf ein mit Öl eingefettetes Kuchenblech tropfen lassen. Die Rondellen erkalten lassen, als Garnitur zum Dessert geben.

3) Süßkartoffeln schälen, in Stückchen schneiden, mit dem Gewürzsäckchen in kochendes Salzwasser geben, weich kochen. Abgießen. Die noch heißen Kartoffeln durch das Passevite/die Flotte Lotte drehen. Akazienhonig, Papayas, Zucker, Kokosnussflocken und Eigelbe unterrühren, 10 Minuten stehen lassen.

4) Das Eiweiß in einem Suppenteller verquirlen. Reismehl und Kokosnussflocken auf je einen Teller geben. Aus der Süßkartoffelmasse Kugeln in der Größe eines Golfballs formen, zuerst im Reismehl wenden, dann im Eiweiß und zuletzt in den Kokosnussflocken. im Frittieröl bei 180 °C portionsweise schwimmend backen.

Quesadillas mit Salsa Mexicana

Vorspeise für 4 Personen

Krapfenteig
250 g weißes Maismehl
3–3½ dl/300–350 ml lauwarmes
   Wasser
1 EL Olivenöl extra nativ
1 TL Meersalz

Füllung
400 g vorwiegend fest kochende
   Kartoffeln
50 g Chorizo (spanische Chiliwurst
   aus Schweinefleisch)
1 rote Chilischote
½ Bund gehackter Koriander
1 EL Sauerrahm/saure Sahne

Frittieröl

Salsa Mexicana
1 reife Avocado
1 Limette, Saft
2 Fleischtomaten
1 kleine rote Zwiebel
2 EL Tomatensaft
½ Bund Koriander
wenig Chile serrano
   (lange, schmale grüne Chilischote)
1 EL Olivenöl extra nativ
Kräutermeersalz
frisch gemahlener Pfeffer

1) Für den Teig das Maismehl in eine Schüssel geben und eine Vertiefung drücken. Wasser und Olivenöl in die Vertiefung gießen. Das Salz über den Mehlkranz streuen. Das Ganze zu einem festen Teig kneten. 20 Minuten zugedeckt ruhen lassen.

2) Für die Füllung die Kartoffeln schälen und klein würfeln, im Dampf weich garen (Seite 38), in einer Schüssel mit der Gabel fein zerdrücken. Chorizo häuten, klein würfeln (Brunoise). Chilischote längs aufschneiden, entkernen, die Schotenhälften fein hacken. Sämtliche Zutaten zu den Kartoffeln geben, gut vermengen.

3) Den Teig in 8 Portionen teilen, Kugeln formen, in der Tortillapresse zu Rondellen pressen oder die Kugeln zwischen zwei Klarsichtfolien mit dem Teigholz rund ausrollen. Jeweils auf einer Rondellenhälfte die Füllung verstreichen, etwa 1 cm Rand freilassen. Rondellen zusammen klappen, die Teigränder gut andrücken.

4) Für die Sauce Avocado halbieren, den Stein entfernen, das Fruchtfleisch mit einem Löffel herauslösen und würfeln, sofort mit Limettensaft beträufeln, damit es sich nicht braun verfärbt. Bei den Tomaten den Stielansatz entfernen, Früchte vierteln, entkernen, würfeln. Zwiebel und Koriander fein hacken. Chile serrano in Streifen schneiden. Alle Zutaten mischen, feurig würzen.

5) Die Quesadillas im Frittieröl bei mittlerer Hitze frittieren.

6) Salsa Mexicana auf Teller verteilen, je 2 Quesadillas, aufgeschnitten oder ganz, darauf anrichten.

Tipp

Die Quesadillas können auch kleiner geformt und zum Aperitif serviert werden.

Gratins

Kartoffelgratin – Grundrezept 138

Kartoffelgratin mit Lauch und Hafer 138

Waadtländer Gratin 139

Kartoffel-Sommergemüse-Gratin 140

Feuriges Kartoffelgratin mit Pastinaken 140

Kartoffelspätzle-Gemüse-Gratin 141

Peperoni mit würziger Chorizo-Kartoffel-Füllung 142

Plain in Pigna – Kartoffelgratin mit Speck 144

Südlich angehauchter Ofenguck 146

Kartoffelgratin – Grundrezept

Mahlzeit für 4 Personen

600 g mehlig kochende Kartoffeln
4 dl/400 ml Milch
3 dl/300 ml Rahm/Sahne
Kräutermeersalz
frisch geriebene Muskatnuss
frisch gemahlener schwarzer Pfeffer

2 Knoblauchzehen für die Form

1) Die Kartoffeln schälen und in 2 mm feine Scheiben schneiden.
2) Backofen auf 220 °C vorheizen. Eine mittelgroße Gratinform mit den zerdrückten Knoblauchzehen einreiben.
3) Milch und Rahm aufkochen, mit Kräutersalz, Muskatnuss und Pfeffer kräftig würzen. Die Kartoffeln in kleinen Portionen unter Rühren zur kochenden Flüssigkeit geben, so wird das Gratin schön sämig. Es ist wichtig, dass man immer wieder rührt, damit alle Kartoffelscheiben Flüssigkeit aufnehmen können. Nach etwa 5 Minuten den Topfinhalt in die vorbereitete Gratinform verteilen.
4) Das Kartoffelgratin in der Mitte in den Ofen schieben, bei 220 °C rund 20 Minuten backen.

Kartoffelgratin
mit Lauch und Hafer

Mahlzeit für 4 Personen

600 g mehlig kochende Kartoffeln
4 dl/400 ml Milch
3 dl/300 ml Rahm/Sahne
200 g fein geschnittener Lauch
120 g Haferkörner
Kräutermeersalz
frisch geriebene Muskatnuss
frisch gemahlener schwarzer Pfeffer

2 Knoblauchzehen für die Form

1) Die Kartoffeln schälen und in 2 mm feine Scheiben schneiden.
2) Backofen auf 220 °C vorheizen. Eine mittelgroße Gratinform mit den zerdrückten Knoblauchzehen einreiben.
3) Milch, Rahm, Lauch und Haferkörner aufkochen, mit Kräutersalz, Muskatnuss und Pfeffer kräftig würzen. Die Kartoffeln in kleinen Portionen unter Rühren in den Kochtopf geben, so wird das Gratin schön sämig. Wichtig ist, dass man immer wieder rührt, damit alle Kartoffelscheiben Flüssigkeit aufnehmen können. Nach etwa 5 Minuten den Topfinhalt in die vorbereitete Gratinform verteilen.
4) Das Kartoffelgratin in der Mitte in den Ofen schieben, bei 220 °C rund 20 Minuten backen.

Waadtländer Gratin

Mahlzeit für 4 Personen

1 EL Bratbutter/Butterschmalz
400 g fein geschnittener Lauch
Kräutermeersalz, Pfeffer
1 Lorbeerblatt
1 Waadtländer Saucisson/
 Brühwurst, ca. 300 g
1 dl/100 ml Weißwein
3 dl/300 ml Gemüsebrühe
600 g mehlig kochende Kartoffeln
150 g geriebener Gruyère

1) Den Backofen auf 200 °C vorheizen. Eine mittelgroße Gratinform mit Butter einfetten.
2) Die Kartoffeln schälen und in etwa 5 mm dicke Scheiben schneiden. Die Wurst schälen und in Würfelchen schneiden.
3) Lauch in der Bratbutter andünsten, würzen mit Kräutersalz, Pfeffer und Lorbeerblatt. Wurst kurz mitdünsten. Weißwein und Gemüsebrühe angießen, aufkochen. Kartoffeln zufügen, bei mittlerer Hitze zugedeckt 5 Minuten kochen. In die Gratinform verteilen. Den Käse darüberstreuen.
4) Waadtländer Gratin in der Mitte in den Ofen schieben, bei 200 °C 20 Minuten backen.

Kartoffel-Sommer-gemüse-Gratin

Mahlzeit für 4 Personen

6 Fleischtomaten
2 Knoblauchzehen
1 mittelgroße Zwiebel
1 Bund Basilikum
Kräutermeersalz
frisch gemahlener schwarzer Pfeffer
600 g fest kochende Kartoffeln
1 mittelgroßer Zucchino
1 Aubergine
½ l heiße Gemüsebrühe
Olivenöl extra nativ
frisch geriebener Sbrinz

1) Den Backofen auf 200 °C vorheizen.
2) Die Kartoffeln schälen und in 5 mm dicke Scheiben schneiden. Zucchino und Aubergine beidseitig kappen und in 5 mm dicke Scheiben schneiden. Bei den Tomaten den Stielansatz kreisförmig herausschneiden, in 5 mm dicke Scheiben schneiden. Die Knoblauchzehen und die Zwiebel fein hacken. Basilikum von den Stielen zupfen.
3) Die Gratinform mit Olivenöl einfetten, Kräutersalz und Pfeffer auf den Boden streuen. Boden der Form mit den Tomatenscheiben belegen, Knoblauch und Zwiebeln darüberstreuen, mit Basilikum belegen, mit Kräutersalz und Pfeffer würzen. Kartoffeln, Zucchini, Auberginen und Tomaten in die Gratinform schichten. Mit der heißen Gemüsebrühe übergießen.
4) Das Gratin in der Mitte in den Ofen schieben, bei 200 °C etwa 30 Minuten backen. Kurz vor Backende mit Olivenöl bepinseln, mit Sbrinz bestreuen, auf Grillstufe Farbe annehmen lassen.

Feuriges Kartoffelgratin
mit Pastinaken

Mahlzeit für 4 Personen

500 g mehlig kochende Kartoffeln
100 g Pastinaken
4 dl/400 ml Milch
3 dl/300 ml Rahm/Sahne
Kräutermeersalz
frisch geriebene Muskatnuss
frisch gemahlener schwarzer Pfeffer
1 roter Peperoncino/Pfefferschote
2 EL Kürbiskerne
2–3 Knoblauchzehen
1 EL Olivenöl extra nativ

2 Knoblauchzehen für die Form

1) Die Kartoffeln schälen und in 2 mm feine Scheiben schneiden. Die Pastinaken schälen und in feine Scheiben schneiden. Den Peperoncino in Ringe schneiden.
2) Den Backofen auf 220 °C vorheizen. Eine mittelgroße Gratinform mit den zerdrückten Knoblauchzehen einreiben.
3) Milch, Rahm und Pastinaken aufkochen, mit Kräutersalz, Muskatnuss und Pfeffer würzen. Kartoffeln und Pastinaken in kleinen Portionen unter Rühren in den Kochtopf geben. So wird das Gratin schön sämig. Wichtig ist, dass man immer wieder rührt, damit der Pfanneninhalt die Flüssigkeit gleichmäßig aufnehmen kann. Peperoncini und Kürbiskerne unterrühren. Topfinhalt in die vorbereitete Gratinform verteilen.
4) Das Gratin in der Mitte in den Ofen schieben und bei 220 °C etwa 20 Minuten backen.
5) Knoblauchzehen in Scheiben schneiden und im Olivenöl goldgelb braten. Über das Gratin verteilen.

Zum Rezept
Die süßliche Pastinake und die scharfe Pfefferschote ergänzen sich ideal. Für Liebhaber feuriger Gerichte!

Kartoffelspätzle-Gemüse-Gratin

Mahlzeit für 4 Personen

1 Portion Kartoffelspätzle, Seite 114

Gemüseragout
1 TL Bratbutter/Butterschmalz
200 g Schalotten, klein gewürfelt
Kräutermeersalz
frisch gemahlener schwarzer Pfeffer
1 Prise Zucker
½ dl/50 ml Weißwein
2 EL Olivenöl extra nativ
300 g Stangen-/Staudensellerie
300 g Champignons
500 g Spinat
200 g saurer Halbrahm/saure Sahne
Kräutermeersalz
1 EL Paprikapulver
Chilipulver
geriebener Gruyère

1) Schalotten in der Bratbutter andünsten, mit Kräutersalz, Pfeffer und Zucker würzen, den Weißwein angießen, bei mittlerer Hitze weich garen.
2) Den Stangensellerie putzen, die zähen Fasern mit dem Sparschäler entfernen, Stangen in feine Scheiben schneiden. Den Spinat entstielen, waschen und trocken schleudern. Champignons putzen, je nach Größe halbieren oder vierteln.
3) Stangensellerie im Olivenöl unter Rühren andünsten, bis er leicht Farbe angenommen hat, Champignons kurz mitdünsten, beiseite stellen.
4) Den sauren Halbrahm mit Kräutersalz, Paprika und Chili würzen.
5) Den Backofen auf 240 °C vorheizen.
6) Spätzli, Schalotten und Spinat mit dem Stangensellerie-Pilz-Gemisch vermengen, in eine mit Butter eingefettete Gratinform verteilen. Sauerrahm darüber verteilen. Mit dem Gruyère bestreuen.
7) Das Gratin im Ofen bei 240 °C 10 Minuten überbacken.

Tipp
Mit einem Blattsalat servieren.

Peperoni

mit würziger Chorizo-Kartoffel-Füllung

Mahlzeit für 4 Personen

4 orange oder rote Peperoni/
  Paprikaschoten

300 g vorwiegend fest kochende
  Kartoffeln
3 EL Olivenöl extra nativ
1 Prise frisch geriebene Muskatnuss
1 Prise Paprikapulver
Kräutermeersalz
1 scharfe Chorizo (spanische
  Chiliwurst aus Schweinefleisch)
4 gehackte, entsteinte grüne Oliven
1 Zweig gehackter Oregano oder
  1 TL getrockneter Oregano
1 Kräuterfrischkäse (150 g)
2 EL geriebener Parmesan

2 dl/200 ml Gemüsebrühe
  für die Form

2 feste Tomaten
4 EL Kapern
Olivenöl extra nativ
2 EL Pestosauce

1) Die Peperoni längs halbieren, die Kerne entfernen. Schotenhälften im Salzwasser 3 Minuten blanchieren. Mit der Öffnung nach unten auf ein Küchentuch legen und trocknen lassen.
2) Die Kartoffeln schälen, in kleine Stücke schneiden, im Dampf weich garen (Seite 38). Die noch heißen Kartoffeln durch das Passevite/die Flotte Lotte drehen. Mit Olivenöl, Muskatnuss, Paprikapulver und Kräutersalz würzen. Chorizo schälen, in kleine Würfel schneiden, mit Oliven, Oregano und Kräuterfrischkäse unter die Kartoffelmasse rühren.
3) Den Backofen auf 220 °C vorheizen. Die heiße Gemüsebrühe in eine große Gratinform gießen.
4) Peperonihälften mit Kräutersalz und Pfeffer würzen, mit der Kartoffelmasse füllen. In die Form stellen. Mit dem Parmesan bestreuen. Auf mittlerer Schiene in den Ofen schieben und bei 220 °C 20 Minuten backen.
5) Tomaten schälen (Seite 156), Stielansatz ausstechen, Gemüsefrüchte vierteln, gallertartige Masse mit Kernen entfernen (aufbewahren), die Tomatenviertel quer in Scheiben schneiden.
6) Die Kapern mit Küchenpapier trocknen, im Olivenöl knusprig backen.
7) Peperoni aus der Gratinform nehmen und warm stellen. Den Fond durch ein feines Sieb in eine Pfanne passieren, gallertartige Masse mit Kernen auf 1 dl/100 ml einkochen lassen, von der Wärmequelle nehmen, Pestosauce unterrühren.
8) Die Peperonihälften auf vorgewärmten Tellern anrichten. Mit der Sauce einen Spiegel gießen, Kapern und Tomaten darauflegen.

Plain in Pigna –
Kartoffelgratin mit Speck

Mahlzeit für 4 Personen

600 g vorwiegend fest kochende Kartoffeln
100 g geräucherter Speck
2 EL Bramata-Mais
1 dl / 100 ml Rahm / Sahne
1 Zweig Majoran
Meersalz
frisch geriebene Muskatnuss
frisch gemahlener schwarzer Pfeffer

Butter für die Form

1) Den Backofen auf 200 °C vorheizen. Eine Gratinform mit Butter einfetten.
2) Die Kartoffeln schälen und auf der Röstiraffel reiben. Den geräucherten Speck in Würfelchen schneiden.
3) Kartoffeln, Speck, Mais, Rahm und abgezupfte Majoranblättchen vermengen, mit Salz, Muskatnuss und Pfeffer würzen. In die Gratinform verteilen.
4) Das Gratin auf mittlerer Schiene in den vorgeheizten Ofen schieben, bei 180 °C 1 Stunde backen, bis das Gericht goldbraun und knusprig ist.

Tipp
Mit reifem Bergkäse und Weißkabis-/Weißkohlsalat servieren.

Südlich angehauchter Ofenguck

Mahlzeit für 4 Personen

Ofenguck
800 g mehlig kochende Kartoffeln
1 Eigelb von einem Freilandei
1 dl/100 ml Milch
Meersalz
frisch geriebene Muskatnuss
100 g Gruyère, klein gewürfelt
4 Eigelbe von Freilandeiern
3 EL geriebener Sbrinz

Butter für die Form

Peperonata
2 EL Olivenöl extra nativ
1 mittelgroße Zwiebel, fein gewürfelt
2 Knoblauchzehen, fein gewürfelt
1 EL Tomatenpüree
je 1 rote und grüne
   Peperone/Paprikaschote
2 Fleischtomaten
Meersalz
frisch gemahlener schwarzer Pfeffer

1) Die Kartoffeln in der Schale im Dampf weich garen (Seite 38), noch heiß schälen und durch das Passevite/die Flotte Lotte drehen. Das Eigelb und die Milch unterrühren, mit Salz und Muskatnuss würzen, Käsewürfelchen unterrühren.

2) Für die Peperonata rote und grüne Peperone halbieren, Stielansatz und Kerne entfernen, in kleine Quadrate schneiden. Tomaten schälen (Seite 156), Stielansatz ausstechen, die Tomaten in kleine Würfel schneiden. Zwiebeln und Knoblauch im Olivenöl andünsten, Tomatenpüree unterrühren. Peperoni und Tomaten zufügen, bei schwacher Hitze weich schmoren. Mit Salz und Pfeffer würzen.

3) Den Backofen auf 220 °C vorheizen.

4) Die Kartoffelmasse in eine eingebutterte ovale Gratinform verteilen. Diagonal eine Vertiefung machen (siehe Bild). Peperonata in die Vertiefung füllen. Mit einem nassen Esslöffel vier Vertiefungen in die Kartoffelmasse drücken, mit je einem Eigelb füllen. Das Gratin mit dem Sbrinz bestreuen.

5) Gratin im vorgeheizten Ofen bei 220 °C 10 bis 15 Minuten backen. Sofort servieren.

Pikante und süße Kuchen, Strudel, Brot

Kartoffelstrudel mit Linsen und Peperonisauce 150

Kartoffelkuchen 153

Kartoffel-Lauch-Kuchen 154

Französische Kartoffeltarte 156

Partybrötchen 158

Kartoffelbrot 158

Kartoffelschnecken 160

Kartoffelpastete mit Gemüseklößchen 162

Kartoffel-Haselnuss-Torte 164

Kartoffelstrudel
mit Linsen und Peperonisauce

Mahlzeit für 4 Personen

Strudelteig
250 g Dinkelweißmehl/
   Mehl Type 605
1 TL Olivenöl extra nativ
1 dl/100 ml Wasser
½ verquirltes Freilandei, etwa 40 g
1 TL Meersalz
1 Prise Zucker
½ TL Essig

Olivenöl extra nativ

Füllung
500 g vorwiegend fest kochende
   Kartoffeln
1 Bund Frühlingszwiebeln
1 säuerlicher Apfel, ca. 120 g
2 EL gemischte, geröstete Kerne,
   z. B. Sonnenblumenkerne, Kürbiskerne und Cashewkerne
2 EL Ricotta
4 EL Rahm/Sahne
1 EL Currymischung
Kräutermeersalz
frisch gemahlener Pfeffer

flüssige Butter

1) Das Mehl in einer Schüssel zu einem Kranz formen, die restlichen Zutaten in die Vertiefung geben, zu einem glatten Teig zusammenfügen. Mindestens 1 Stunde zugedeckt ruhen lassen.

2) Kartoffeln schälen und vierteln, Viertel quer in 2 mm dicke Scheiben schneiden, im Dampf 5 Minuten garen (Seite 38).

3) Zwiebeln in feine Scheiben und Röhrchen in Ringe schneiden. Apfel schälen, vierteln und entkernen, die Viertel quer in feine Scheiben schneiden. Die gerösteten Kerne grob hacken.

4) Ricotta, Rahm und Curry verrühren, mit Kräutersalz und Pfeffer abschmecken, Kartoffeln, Zwiebeln, Äpfel und Nüsse zufügen und vermengen.

5) Den Backofen auf 200 °C vorheizen.

6) Den Strudelteig mit Olivenöl bepinseln, auf einem Küchentuch von Hand möglichst dünn zu einem Rechteck ausziehen, die Ränder gerade schneiden. Die Füllung auf den Strudelteig verteilen, auf den Längsseiten 3 cm Rand frei lassen. Schmalseiten über die Füllung einschlagen. Strudel einrollen, Teig immer wieder mit flüssiger Butter bepinseln.

7) Den Strudel auf ein Backblech legen und mit flüssiger Butter bepinseln. Blech in der Mitte in den vorgeheizten Ofen schieben, Strudel bei 200 °C 30 Minuten backen.

Fortsetzung Seite 142

Fortsetzung von Seite 141

Linsengemüse

1 EL Olivenöl extra nativ
1 mittelgroße Zwiebel, klein gewürfelt
150 g Gemüsewürfelchen (Brunoise)
200 g braune Linsen
1 Zweig Bohnenkraut
ca. 7 dl/700 ml Gemüsebrühe
50 g rote Linsen
1 Prise frisch geriebene Muskatnuss
1 Prise Chilipulver
1 TL Meersalz
2 EL Balsamico
2 EL Baumnussöl/Walnussöl
3 El saurer Halbrahm/saure Sahne

1) Die braunen Linsen über Nacht in reichlich Wasser einlegen. Das Einweichwasser am nächsten Tag weggießen.
2) Zwiebeln und Gemüsewürfelchen im Öl andünsten, braune Linsen, Bohnenkraut und etwa ½ Liter Gemüsebrühe zufügen, die Linsen bei mittlerer Hitze weich garen, das dauert rund 30 Minuten. Rote Linsen etwa 8 Minuten vor dem Ende der Garzeit zufügen und mitkochen. Falls nötig, mehr Gemüsebrühe zugeben.
3) Muskat, Chili, Salz, Balsamico und Baumnussöl verrühren, mit dem Linsengemüse vermengen. Kurz vor dem Servieren den Sauerrahm unterrühren.

Peperonisauce

2 Schalotten, klein gewürfelt
1 Knoblauchzehe, klein gewürfelt
1 rote Peperone/Paprikaschote
1 TL Rosenpaprikapulver
1 TL edelsüßes Paprikapulver
1 TL getrockneter Majoran
½ l Gemüse- oder Geflügelbrühe
1 TL Hirseflocken
Kräutermeersalz
1 Schuss Balsamico

1) Peperone halbieren, Stielansatz und Kerne entfernen, die Hälften quer in feine Streifen schneiden.
2) Schalotten und Knoblauch mit einem Esslöffel Gemüsebrühe andämpfen, Peperonistreifen, Paprikapulver und Majoran zufügen und einige Minuten mitdämpfen, mit der Gemüsebrühe aufgießen, aufkochen, bei schwacher Hitze 10 Minuten kochen. Pürieren.
3) Peperonisauce und Hirseflocken unter Rühren aufkochen, mit Kräutersalz und Balsamico abrunden.

Kartoffelkuchen

Mahlzeit für 4 Personen

für ein Kuchenblech von
 24 cm Durchmesser

1 Portion Kuchenteig, Seite 156

1 EL Olivenöl extra nativ
1 mittelgroße Zwiebel
600 g gekochte Schalenkartoffeln
 vom Vortag, mehlig kochende
 Sorte
2 Freilandeier
100 g Magerquark
100 g saurer Halbrahm/saure Sahne
200 g Cottage Cheese/Hüttenkäse
100 g geriebener Sbrinz
3 EL gehackte frische Kräuter
Kräutermeersalz
1 TL edelsüßes Paprikapulver
frisch geriebene Muskatnuss
1 Prise Cayennepfeffer
frisch gemahlener Pfeffer

1) Den Teig auf 28 cm Durchmesser ausrollen. In die eingefettete Form legen. Überlappenden Teig nach innen legen und den Rand mit einer Gabel andrücken. Boden mit einer Gabel mehrmals einstechen.
2) Den Backofen auf 180 °C vorheizen.
3) Die Zwiebel fein hacken, im Olivenöl andünsten, auskühlen lassen. Die Kartoffeln schälen und auf der Röstiraffel zu den Zwiebeln reiben, vermengen.
4) Eier, Quark und sauren Halbrahm verrühren, Cottage Cheese, Sbrinz und Kräuter unterrühren, würzen. Guss und Kartoffeln vermengen. Die Kartoffelmasse auf den Teigboden verteilen.
5) Den Kartoffelkuchen im vorgeheizten Backofen bei 180 °C 50 Minuten backen. Ein paar Minuten ruhen lassen, dann portionieren. Sofort servieren.

Kartoffel-Lauch-Kuchen

Mahlzeit für 4 Personen

für 2 Kuchenbleche von
  16 cm Durchmesser

200 g fein geschnittener Lauch
2 Schalotten, klein gewürfelt
200 g fest kochende Kartoffeln
2 dl/200 ml Weißwein
1 TL Gemüsebrühepulver
1 Waadtländer Saucisson/
  Brühwurst, ca. 300 g
1 dl/100 ml Sauerrahm/saure Sahne
100 g geriebener Gruyère

1 Portion Kuchenteig, Seite 156

1) Lauch, Schalotten und Kartoffeln mit Weißwein und Gemüsebrühepulver aufkochen. Saucisson mit einer Gabel einige Male einstechen, auf den Lauch legen. Bei schwacher Hitze zugedeckt 20 Minuten garen. Wurst herausnehmen. Das Lauchgemüse bei schwacher Hitze weitergaren, bis die Flüssigkeit gebunden ist. Die Haut der Wurst abziehen, die Hälfte der Wurst in 5 mm dicke Scheiben schneiden, die andere Hälfte in kleine Würfel. Wurstwürfelchen und Lauch mischen, Sauerrahm unterrühren, zugedeckt auskühlen lassen.

2) Den Teig halbieren, auf Formgröße ausrollen, in die eingefetteten Formen legen. 2 EL Gruyère auf den Teigboden streuen. mit den Wurstscheiben belegen, Lauch-Wurst-Mix darauf verteilen, restlichen Gruyère darüberstreuen. Die Kuchen im vorgeheizten Ofen bei 180 °C 30 Minuten backen.

Französische Kartoffeltarte

Mahlzeit für 4 Personen

für ein Kuchenblech von
24 cm Durchmesser

Kuchenteig
150 g Dinkelweißmehl/
 Mehl Type 605
60 g zimmerwarme Butter
0,4 dl/40 ml Wasser
1 EL Essig
1 Eigelb von einem Freilandei
1 EL Meersalz

Butter für die Form
Bohnen (Hülsenfrüchte) zum
 Blindbacken

Belag
800 g gleich große fest kochende
 Kartoffeln oder Frühkartoffeln
3 EL Olivenöl extra nativ
250 g Zwiebeln, klein gewürfelt
500 g Fleischtomaten
1 Zweig Thymian
Kräutermeersalz
frisch gemahlener schwarzer Pfeffer
1 Prise Zucker
1 Becher (200 g) Crème double
2 EL geriebener Sbrinz
Kräutermeersalz
frisch geriebene Muskatnuss
frisch gemahlener schwarzer Pfeffer

1) Für den Teig das Mehl in eine Schüssel geben und eine Vertiefung drücken. Alle Zutaten in die Vertiefung geben, alles zu einem glatten Teig zusammenfügen. Den Teig in Klarsichtfolie einwickeln. Im Kühlschrank 30 Minuten ruhen lassen.

2) Den Teig auf 28 cm Durchmesser ausrollen. In die mit Butter eingefettete Form legen. Überlappenden Teig nach innen legen und den Rand mit einer Gabel andrücken. Boden mit einer Gabel mehrmals einstechen. Mit einem Backpapier belegen. Zum Blindbacken mit den Bohnen füllen. Im Kühlschrank 30 Minuten ruhen lassen.

3) Den Backofen auf 200 °C vorheizen.

4) Die Form in der Mitte in den Ofen schieben, den Teigboden bei 200 °C 10 Minuten blindbacken. Hülsenfrüchte und Backpapier entfernen, den Teigboden in der Form belassen.

5) Kartoffeln im Dampf weichgaren (Seite 38). Heiß schälen und in 3 mm dicke Scheiben schneiden. Auf einen Teller legen, mit einer Klarsichtfolie zudecken.

6) Die Tomaten mit dem Sparschäler schälen. Oder die Tomaten an der Spitze kreuzweise einschneiden und in einem Schaumlöffel in kochendes Wasser tauchen, bis sich die Haut löst. Gemüsefrüchte unter kaltem Wasser abschrecken, schälen. Stielansatz ausstechen, Tomaten klein würfeln. Zwiebeln im Olivenöl andünsten, Tomaten und Thymianzweig zufügen, würzen, bei mittlerer Hitze kochen, bis keine Flüssigkeit mehr vorhanden ist.

7) Die Tomatenmasse auf dem Kuchenboden verstreichen. Kartoffeln fächerartig darauflegen. Doppelrahm und Sbrinz verrühren, mit Kräutersalz, Muskatnuss und Pfeffer würzen, über die Kartoffeln verteilen.

8) Die Tarte im vorgeheizten Ofen bei 220 °C rund 10 Minuten backen. Ein paar Minuten ruhen lassen, dann portionieren.

Tipp
Mit Nüssli-/Feldsalat servieren. Die Tarte kann auch als Beilage zu Braten oder kurz gebratenem Fleisch serviert werden.

Blindbacken
Zum Beschweren eignen sich auch gewaschene, getrocknete Kirschsteine oder gewaschene Kieselsteine. Bei Verwendung von Hülsenfrüchten am besten Kichererbsen oder braune Linsen verwenden. Das Füllmaterial kann beliebig oft verwendet werden.

Kartoffelbrot

300 g mehlig kochende Kartoffeln
550 g Dinkelruchmehl/Typ 1050
1½ dl/150 ml handwarme Milch
½ Hefewürfel (20 g)
1 TL Zucker
60 g Roggenvollkornmehl
10 g Meersalz

1) Die Kartoffeln in der Schale im Dampf weich garen (Seite 38). Die noch heißen Kartoffeln schälen und durch das Passetout/die Flotte Lotte drehen. 100 g Dinkelmehl darübersieben. Handwarme Milch und die mit dem Zucker flüssig gerührte Hefe zufügen, alles gut verrühren. Die Schüssel mit einem feuchten Tuch bedecken, Vorteig rund 1 Stunde bei Zimmertemperatur gehen lassen.
2) Restliches Dinkelruchmehl und Roggenvollkornmehl mit dem Salz mischen, zum Vorteig geben und zu einem Teig zusammenfügen. 10 bis 15 Minuten kneten, am besten in der Teigknetmaschine. Die Schüssel mit einem feuchten Tuch bedecken, Teig bei Zimmertemperatur 30 Minuten gehen lassen.
3) Den Backofen auf 220 °C vorheizen. Das Backblech einfetten.
4) Den Brotteig nochmals kräftig kneten, in 3 Portionen teilen. Aus jedem Teigstück eine etwa 30 cm lange Stange formen. Auf das Blech legen. 10 Minuten ruhen lassen.
5) Blech auf der untersten Schiene in den Ofen schieben, das Brot bei 220 °C 45 Minuten backen. Auf einem Gitter auskühlen lassen.

Tipp
Für das Kartoffelbrot können auch Reste von Kartoffelstock/-püree verwendet werden.

Partybrötchen

1 Portion Kartoffelbrotteig, nebenan
100 g gebratene Speckwürfelchen
100 g gedünstete Zwiebelstreifen
100 g gehackte Baumnuss-/ Walnusskerne

Garnitur
Mohnsamen
getrocknete Provencekräuter
Sesamsamen

1) Den Brotteig in 3 Portionen teilen. In das erste Teigstück die gebratenen Speckwürfelchen, in das zweite die gedünsteten Zwiebeln, in das dritte gehackte Nüsse kneten.
2) Jedes Teigstück in 5 Portionen teilen, Kugeln formen, kurz in kaltes Wasser tauchen, in Mohnsamen, Kräutern oder Sesamsamen drehen. Die Kugeln kranzförmig auf ein eingefettetes Blech legen. Nochmals 10 Minuten gehen lassen.
3) Den Backofen auf 220 °C vorheizen.
4) Blech auf der untersten Schiene in den Ofen schieben, Brötchen bei 220 °C 15 Minuten backen.

Abbildung

Kartoffelschnecken

Originelle Aperitifhäppchen

für 20 Schnecken

300 g Kartoffelbrotteig, Seite 158
Mehl für die Arbeitsfläche

Peperoni-Ingwer-Füllung
1 EL Olivenöl extra nativ
1 rote Peperone/Paprikaschote,
  ca. 200 g
70 g Lauch
1 EL frische Ingwerwürfelchen
Kräutermeersalz
1 Hauch Chilipulver
1 EL geriebener Parmesan

Käse-Salbei-Füllung
100 g geriebener Gruyère
1 EL Weißwein
1 Eigelb von einem Freilandei
2 EL Hirseflocken
1 EL gehackte Majoranblättchen
frisch gemahlener schwarzer Pfeffer
10 entstielte Salbeiblätter

1) Für die Peperoni-Ingwer-Füllung die Peperone halbieren, Stielansatz und Kerne entfernen, die Fruchthälften klein würfeln (Brunoise). Beim Lauch grobfasrige Hüllblätter entfernen, Stange längs halbieren, die Hälften in feine Streifen schneiden. Peperoni im Olivenöl bei mittlerer Temperatur zugedeckt 3 Minuten dünsten, restliche Zutaten, ohne Parmesan, zufügen und kurz mitdünsten. Auskühlen lassen. Parmesan unterrühren.

2) Für die Käse-Salbei-Füllung Gruyère, Weißwein, Eigelb, Hirseflocken und Majoran vermengen, mit dem Pfeffer abschmecken. Rund 20 Minuten stehen lassen, damit die Hirseflocken quellen können.

3) Den Teig halbieren, beide Teigstücke 3 mm dick zu einem Rechteck von 30 cm x 15 cm ausrollen. Füllungen mit einem Spachtel auf dem Teig ausstreichen, auf allen Seiten 1 cm Rand frei lassen. Für die Käsefüllung das Teigblatt zuerst mit Salbeiblättern belegen, die Käsemasse darauf ausstreichen. Teig satt einrollen, in 15 mm dicke Scheiben schneiden, auf ein mit Backpapier belegtes Blech legen. 10 Minuten gehen lassen.

4) Den Backofen auf 220 °C vorheizen.

5) Das Blech auf mittlerer Schiene in den Ofen schieben, Schnecken bei 220 °C 10 Minuten backen.

Tipp
Am besten schmecken die Schnecken, wenn sie noch warm sind.

Kartoffelpastete
mit Gemüseklößchen

für eine Springform
   von 22 cm Durchmesser

Quarkblätterteig
120 g Dinkelweißmehl/Mehl Type 605
1 TL Meersalz
120 g gekühlte Butterstückchen
120 g Vollmilch- oder Rahm-/
   Sahnequark

Füllung
200 fest kochende Kartoffeln
300 g Rohmilch-Bergkäse
200 g Lauch
1 EL Butter
1 Zweiglein Thymian
Meersalz
frisch gemahlener Pfeffer
250 g säuerliche Äpfel

1 Eigelb zum Bestreichen

Gemüsepüree
100 g Karotten
100 g Pfälzer Rüben/gelbe Rüben
2 EL kalt gepresstes Haselnussöl
Meersalz
frisch gemahlener Pfeffer
Macis oder geriebene Muskatnuss

Sauce
½ kleine Zwiebel, klein gewürfelt
½ dl/50 ml Randen-/Rote Betesaft
1 EL grobkörniger Senf
¾ dl/75 ml kalt gepresstes
   Sonnenblumenöl
Kräutermeersalz

1) Für den Teig das Mehl und das Salz mischen. Die Butter mit dem Mehl krümelig reiben. Quark beifügen, zu einem glatten Teig zusammenfügen. Am besten in Klarsichtfolie eingewickelt über Nacht ruhen lassen. Dem Teig eine oder mehrere (3 bis 4) Touren geben – je mehr Touren, umso blättriger wird der Teig. Dazu den Teig 5 mm dick und rechteckig ausrollen, auf den Schmalseiten ein Drittel nach innen legen. Der Teig besteht nun aus 3 Lagen. 30 Minuten oder länger kühlstellen. Teig erneut ausrollen; die Öffnungen müssen oben und unten liegen. Wieder kühlstellen, wieder ausrollen. Die Öffnungen müssen immer oben und unten liegen.

2) Die Kartoffeln schälen und in etwa 3 mm dicke Scheiben schneiden, im Dampf 5 Minuten garen. Den Käse in Scheiben schneiden. Beim Lauch die grobfasrigen Hüllblätter entfernen, Stangen in 4 cm lange Stücke schneiden, je nach Größe längs halbieren oder vierteln, in 1 EL Butter knackig dünsten. Die Äpfel mit Schale vierteln und entkernen, Viertel in Scheiben schneiden.

3) Den Backofen auf 180 °C vorheizen.

4) Springform mit Butter einfetten. Teig in Portionen von ⅔ und ⅓ teilen. Für den Boden und den Rand (5 cm Rand) das größere Teigstück rund ausrollen und in die Form legen. Kartoffeln, Käse, Lauch und Äpfel lagenweise in die Form legen, immer wieder Salz und Pfeffer einstreuen. Abgezupfte Thymianblättchen darüberstreuen. Den restlichen Teig auf Formgröße ausrollen, auf die Füllung legen. Den Rand mit wenig Wasser anfeuchten, den Teigrand des Bodens darüberlegen, mit einer Gabel gut andrücken. Deckel und Rand mit Eigelb bepinseln. Kartoffelpastete bei 180 °C 35 bis 40 Minuten backen.

5) Für das Gemüsepüree Karotten und Rüben schälen und würfeln, im Dampf weich garen, mit dem Haselnussöl fein pürieren, würzen.

6) Für die Sauce Zwiebeln, Randen-/Rote Bete-Saft und Senf am besten mit dem Stabmixer gut mixen. Öl zuerst tropfen-, dann esslöffelweise unterrühren, so dass die Sauce emulgiert, mit Kräutersalz würzen.

7) Mit der Sauce auf die Teller einen Spiegel gießen, Kartoffelpastete in Stücke schneiden und darauf anrichten. Das Gemüsepüree mit einem Esslöffel portionieren, d. h. Klößchen abstechen, dazu anrichten.

Kartoffel-Haselnuss-Torte

für eine Springform von 24 cm Durchmesser

200 g gekochte Schalenkartoffeln
4 Eigelbe von Freilandeiern
200 g Zucker
½ unbehandelte Orange, abgeriebene Schale und Saft
3 EL Magerquark
250 g geriebene Haselnüsse
70 g gehackte dunkle Schokolade, 72 % Kakaoanteil
80 g Weizengrieß
1 TL phosphatfreies Backpulver
4 Eiweiß von Freilandeiern
1 Prise Meersalz
1 EL Zucker

Füllung
Orangenmarmelade

Überzug
Orangengelee
150 g Puderzucker
Zitronensaft
gehackte, geröstete Haselnüsse

1) Kartoffeln schälen und durch das Passetout/die Flotte Lotte drehen.
2) Den Backofen auf 180 °C vorheizen. Boden und den Rand Springform gut einfetten.
3) Eigelbe, Zucker und Orangensaft luftig aufschlagen. Magerquark unterrühren, kurz weiterschlagen.
4) Geriebene Nüsse, gehackte Schokolade, Orangenschalen, Grieß und Backpulver mit den Kartoffeln vermengen.
5) Das Eiweiß mit der Prise Salz steif schlagen, den Zucker einrieseln lassen, weiterschlagen, bis die Masse kompakt ist.
6) Die Kartoffelmasse und den Eischnee abwechslungsweise unter die Eigelbmasse ziehen. In eine gebutterte Springform füllen.
7) Kartoffeltorte auf mittlerer Schiene in den Ofen schieben und bei 180 °C rund 1 Stunde backen. Etwa 10 Minuten in der Form ruhen lassen, dann den Rand sorgfältig lösen und die Torte auf eine Platte stellen. Auskühlen lassen.
8) Die Torte horizontal durchschneiden, mit der Orangenmarmelade füllen. Den Rand sparsam mit flüssigem Orangengelee einpinseln, Haselnüsse an den Rand drücken. Die Oberfläche dünn mit flüssigem Gelee einpinseln. Den Puderzucker mit so viel Zitronensaft glattrühren, dass eine eher dickflüssige Masse entsteht. Die Puderzuckermasse auf die Torte gießen, durch Bewegen gleichmäßig verteilen, mit den gehackten Haselnüssen bestreuen.

Tipp

Durch das Einpinseln mit dem Gelee wird die Oberfläche versiegelt. So wird verhindert, dass die Puderzuckermasse vom Biskuit aufgesaugt wird und dadurch der schöne Glanz verloren geht.

Register

A
Ananas 132
Anbaumethoden 21, 22
Anden 6
Apfel 58, 108, 150, 162
Apfel, Dörr- 62, 105
Artischocke 42, 100
Aubergine 78, 140
Avocado 52, 54, 92, 134

B
Baumnuss 115, 158
Bergkäse 162
Bohne, grüne 54, 82
Bolivien 6
Brösel 100, 122
Brüsseler Endivie 94

C
Cashewkerne 58, 92, 150
Catalogna 46
Chile 6
Carolus Clusius 9
Cicorino rosso 94
Convenienceprodukte 37
Crostini 56
Curry 58, 150

D
Deutschland 9, 16
Dreifelderwirtschaft 14

E
Ei 146
England 8, 9
Erbse, grüne 116

F
Fenchel 82
Fisch 46, 94
Fonduta 116
Fontina 116
Freiburger Vacherin 116
Frankreich 9, 12, 18
Friedrich der Große 16, 17

G
Garnele 76
Garprozess, schonender 38
Gefriertrocknung 8
Getreideanbau 12, 13, 14
Goethe 13
Gruyère 82, 139, 141, 146, 154, 160
Gurke 52, 64

H
Haferkörner 138
Haselnuss 104, 113, 115, 164
Hausgarten 23
Heilmittel 9
Heu, Berg- 109
Holland 9
Hortus botanicus 9

I
Indios 6
Ingwer 58, 59, 62, 76, 90, 94, 98, 105, 160
Inhaltsstoffe 31, 32, 33
Inkas 6, 10
Irland 9, 11
Italien 9

K
Kabis 104
Kapern 42, 56, 94, 113, 142
Karamell 132
Karotte 60, 82, 89, 162
Kartoffel, trocknen 19, 36
Kartoffel, Früh- 25, 34, 42, 44, 102
Kartoffel, Lager- 34
Kartoffel, Primitivformen 7
Kartoffel, Wildarten 6
Kartoffelblüte 8, 18
Kartoffelbrandteig 129
Kartoffelbrot 18, 19, 20, 158, 160
Kartoffelforschungszentrum 7
Kartoffelgnocchi 20, 112
Kartoffelgratin 138
Kartoffelklößchen 114, 124, 125
Kartoffelknödel 122
Kartoffelkrankheiten 11, 21, 22
Kartoffelkrieg 17
Kartoffelkrokette 20, 130
Kartoffelkrapfe 129
Kartoffelmedaillon, pikant 76, 78, 82
Kartoffelmedaillon, süß 80
Kartoffelmehl 19
Kartoffelmühle 19
Kartoffelpastete 162
Kartoffelpüree 20, 68, 69, 70, 72
Kartoffelravioli 113
Kartoffelriebel 106
Kartoffelroulade 120
Kartoffelrösti 20
Kartoffelsorten 24, 25, 26, 27
Kartoffelspätzle 114, 141
Kartoffelstärke(produkte) 36
Kartoffelstrudel 150
Kartoffelsuppe 17
Kartoffelzucht 35
Kefe 64
Kirschen 80
Knollenfäulnis 11
Kochtypen 34
Kohl 104
Kokosnussflocken 132
Kokosnussmilch 58, 59, 64
Kolumbus 6
Korinthen 80
Krapfen 134
Krautfäulnis 11
Kresse 42

Krevette 76
Kuchenteig 153, 154, 156
Kupfer 22
Kürbiskerne 47, 140, 150

L
Lagerung 23, 36
Lattich 44
Lauch 52, 53, 61, 90, 139, 154, 162
Linsen 53, 152

M
Maluns 106
Mandeln 115
Mohnsamen 115, 122
Muscheln 56

N
Nachtschattengewächs 21

O
Oliven 42, 53, 56, 82, 101, 118, 142
Österreich 9, 17

P
Papas 6
Papaya, getrocknet 132
Paprikaschote 54, 142, 146, 152, 160
Parmentier 18
Parmesan 78, 94, 142
Pastinake 60, 89, 104, 140
Peperonata 146
Peperone 54, 142, 146, 152, 160
Peru 6, 7
Pestilenzkraut 12
Pesto, Tomaten- 113
Pfälzer Rübe 60, 162
Piemont 11
Pilze 53, 61, 72, 76, 102, 108, 116, 141
Pinienkerne 44
Plain in Pigna 144
Pommes frites 128
Preiselbeeren 108
Preussen 16, 17

R
Raclettekäse 106
Radicchio di Verona 94
Radieschen 64
Raita 64
Rande 162
Resistenzeigenschaften 6
Römischer Salat 44
Röster, Mohn- 115
Röster, Nuss- 115
Rösti 86, 87, 88, 89, 90, 91, 92, 94
Rote Bete 162
Rübe, Gelbe 60, 162

S
Sauce, Avocado- 92
Sauce, Kresse- 70
Sellerie, Knollen- 60, 69, 89
Sauce, mexikanische 134
Sauce, Paprika- 82
Sauce, Peperoni- 82, 152
Sauce, Randen- 162
Sauce, Rote-Bete- 162
Sauce, Tomaten- 120
Sbrinz 146, 156
Sellerie, Stangen- 141
Sesamsamen 58, 64, 94
Skandinavien 9
Solanin 11
Sonnenblumenkerne 52, 150
Soufflé 70
Spanien 8, 9
Spargel 76, 102, 118
Speck 62, 87, 144, 158
Spinat 42, 120, 141
Süßkartoffel 14, 30, 54, 80, 92, 132

Sch
Schokolade 115, 122, 164
Schupfnudeln 1156
Schwarzwurzel 60, 105
Schweiz 10

T
Tandoori 64
Tartuffel 21
Teig, Brot- 158
Teig, Kuchen- 156
Teig, Quarkblätter- 162
Teig, Strudel- 150
Terrine 72
Tofu 90
Tomate 46, 52, 54, 56, 92, 101, 118, 120, 134, 140, 142, 146, 156
Tomate, Dörr- 44, 52, 53, 68, 101, 113
Topinambur 105
Torte, Kartoffel-Nuss- 164
Trockenkonserve 8

V
Vinaigrette, Gemüse- 78
Vinaigrette, Linsen- 72

W
Waldenser 11
Walnuss 115, 158
Wodka 13
Wurst 62, 134, 139, 142, 154

Z
Zehntenabgabe 15
Zierpflanze 8, 9
Zitronengras 50, 58, 59
Zucchino 56, 94
Zuckermais 54
Zuckerschote 64
Zwiebel 156, 158
Zwiebelschwitze 104

Schweiz

Swisspatat
Postfach 7960, CH-3001 Bern
Tel. 031 385 36 50
Fax 031 385 36 58
team@swisspatat.ch
www.swisspatat.ch

Stiftung Pro Specie Rara (PSR)
Pfrundweg 14, CH-5000 Aarau
Tel. 062 823 50 30
Fax 062 823 50 25
sekretariat@psrara.org
www.psrara.org

Antenne Suisse romande PSR
Conservatoire et Jardin botanique,
c. p. 60, CH-1292 Chambesy
Tel. 022 418 52 25
Fax 022 418 51 01
denise.gautier-beguin@cjb.ville-ge.ch
www.cjb.unige.ch/psr

FiBL Forschungsinstitut für biologischen Landbau
Ackerstrasse, Postfach, CH-5070 Frick
admin@fibl.ch, www.fibl.ch
(Das FiBL prüft seit 1996
Kartoffelsorten, die sich speziell
für Bio-Anbau eignen)

Deutschland

Museen

Kartoffelmuseum
Stadtinformation
Vor dem Steintor 04
18465 Tribsees
Tel. +49 (0) 3 83 20/47 918
www.stadt-tribsees.de

Deutsches Kartoffelmuseum
Hauptstraße 65
67136 Fußgönheim
Tel. +49 (0) 62 37/92 92 66
info@deutsches-kartoffelmuseum.de
www.deutsches-kartoffelmuseum.de

Die Grumbeer- & Gemüse-Straße (seit 1995) in der Pfalz
info@grumbeerundgemuesestrasse.de
www.grumbeerundgemuesestrasse.de

Das Kartoffelmuseum
Stiftung Otto Eckart
Grafinger Straße 2, 81671 München
Tel. +49 (0) 89/40 40 50
kartoffel@art-im-net.de
www.kartoffelmuseum.de
Kunst und Kultur

Thüringer Kloßmuseum
Im Dorf 1
99439 Heichelheim bei Weimar
Tel. +49 (0) 36 43/90 00 15
klossmuseum@t-online.de
www.klossmuseum.de

Kartoffelfeste und Märkte

Heichelheimer Kartoffelfest
Thüringer Kloßmuseum (s. o.)
Erster Samstag im September
www.zweckverband-wirtschaft.de

Kartoffelfest Naunhof
Tourismus-Informationspunkt
Ungibauerstraße 1, 04683 Naunhof
Tel. +49 (0) 3 42 93/32 513
www.naunhof.de
tourist-information@naunhof.de
www.naunhoferkartoffelfest.de
Ende August/Anfang September

Kartoffelfeste in der Lüneburger Heide
Lüneburger Heide GmbH
Am Ochsenmarkt 1, 21335 Lüneburg
Tel. +49 (0) 41 31/73 73-0
info@lueneburger-heide.de
www.lueneburger-heide.de

Delmenhorster Kartoffelfest
Stadtmarketing Delmenhorst
Rathausplatz 1, 27749 Delmenhorst
Tel. +49 (0) 42 21/99 22 99
www.delmenhorst.de
stadtmarketing@delmenhorst.de
Anfang/Mitte Oktober

Blomberger Kartoffel- und Apfelfest
Marktplatz
Städtisches Verkehrsbüro
Hindenburgplatz 1, 32825 Blomberg
Tel. +49 (0) 52 35/50 44 44
www.blomberg-lippe.de
verkehrsbuero@blomberg-lippe.de
www.kartoffelfest.net
Anfang Oktober

Kartoffelfest des Longfield United e.V.
Fußballverein zur Unterstützung
karitativer Zwecke
Auf dem Bauernhof Weeger, an der
Stadtgrenze zwischen Langenfeld,
Hilden und Solingen
www.longfield-united.de

Kartoffelfest Wülfrath
Wülfrath Pro e.V.
Rieler Feld 3, 42489 Wülfrath
Tel. +49 (0) 20 58/92 96 03
buero@wue-pro.de
www.wue-pro.de
Stadtfest in der historischen Altstadt
im September

**Ibbenbürener Kartoffelfest
«Tolle Knolle»**
Stadtmarketing Ibbenbüren GmbH
Bachstr. 14, 49477 Ibbenbüren
Tel. +49 (0) 54 51/54 54 50
touristinformation@tourismus-
ibbenbueren.de
www.tourismus-ibbenbueren.de
www.tolleknolle.com
Anfang Oktober

Sickinger Grumbeere-Markt
Verbandsgemeinde Wallhalben
Hauptstraße 26, 66917 Wallhalben
Tel. +49 (0) 63 75/9 21-136
www.wallhalben.de
touristinfo@wallhalben.de
www.grumbeeremarkt.de
Alle zwei Jahre (2009)
Ende September/Anfang Oktober

Grumbeerfest Kaiserslautern
Gartenschau Kaiserslautern GmbH
Tel. +49 (0) 6 31 71007-0
info@gartenschau-kl.de
www.gartenschau-kl.de
Ende Oktober

Bellemer Grumbeerfeschd
Kulturverein Bellheim e.V.
Karl-Silbernagelstr. 20a
76756 Bellheim
Tel.: +49 (0) 72 72 / 93 26 42
info@grumbeerfeschd.de
www.grumbeerfeschd.de
Am zweiten Septemberwochenende in
der «Grumbeerhalle» des Kartoffelhofs
Böhm

**«Herbstzauber»- Kartoffelfest
Neualbenreuth**
Neualbenreuth-Sibyllenbad
Marktplatz 10, 95698 Neualbenreuth
Tel. +49 (0) 96 38/93 32 50
info@neualbenreuth.de
www.neualbenreuth.de
www.das-kartoffelfest.de

Österreich

Erdäpfelfest Geras
Stadtzentrum
ARGE Erdäpfelfest Geras
A-2093 Geras
Tel. +43 (0) 29 12/6 11 72
erdaepfelfest@geras.at
www.erdaepfelfest.at
Anfang Oktober

Erdäpfelfest der Region Sauwald
im Sauwald-Erdäpfelkeller
Sauwalderdäpfel KEG
Grübl 5, A-4725 St. Aegidi
Tel. +43 (0) 77 17/80 00
eduard.paminger@sauwald.at
www.sauwalderdaepfel.at
Jedes 2. Jahr am letzten Sonntag im
August (2009)

Litschauer Erdäpfelpuffer
Gästeservice Litschau
Stadtplatz 17, A-3874 Litschau
Tel.: +43 (0) 28 65/53 85
gaesteservice@litschau.at
www.litschau.at
Letztes Septemberwochenende

Karnisches Kartoffelfest
St. Paul im Gailtal
Verein der Karnischen Kartoffelfreunde
A-9623 St. Stefan im Gailtal
Tel.: +43 (0) 664/301 63 18
markus.brandstaetter@ktn.gde.at
www.karnisches-kartoffelfest.at
Anfang September

Belgien

Kartoffelfest in Neidingen
B-4780 St. Vith
Tel. +32 (0) 80/39 94 33
info@kartoffelfest.be
www.kartoffelfest.be
Alle 2 Jahre Ende September (2009)

Die Liste bietet nur eine Auswahl
und erhebt keinen Anspruch auf Voll-
ständigkeit. Kartoffelfeste finden
üblicherweise im Herbst (September/
Oktober) statt.
   Genaue Veranstaltungstermine,
Öffnungszeiten und Eintrittspreise
bitte direkt erfragen.